APOSTILA TÉCNICO DE ADMINISTRAÇÃO E CONTROLE JÚNIOR

CONHECIMENTOS ESPECÍFICOS PETROBRÁS

ORGANIZADOR: ZÉLIO CABRAL

1ª. EDIÇÃO – BRASIL - 2018

Técnico de Administração e Controle Júnior

"O que sabemos é uma gota; o que ignoramos é um oceano."

(Isaac Newton)

"O amor é Física, o casamento é Química."

(Alexandre Dumas)

"Se você tem metas para um ano. Plante arroz
Se você tem metas para 10 anos. Plante uma árvore
Se você tem metas para 100 anos então eduque uma criança
Se você tem metas para 1000 anos, então preserve o meio Ambiente."

(Confúcio)

DEDICATÓRIA

Ao único que é digno de receber toda honra e toda glória, a força e o poder. Ao Deus eterno, imortal, invisível, mas real. A ele, dedico esta Apostila de Técnico de Administração e Controle Júnior - Petrobras, Jesus Cristo, o Filho do Deus Vivo.

SUMÁRIO

Introdução 09

BLOCO 1

1 – PROCESSOS ADMINISTRATIVOS E LEGISLAÇÃO 11

Recursos Humanos: Recrutamento e seleção, plano de cargos e carreira; Treinamento, Desenvolvimento e Educação; Gerenciamento de Desempenho e Gestão de Competências; Relações de Trabalho e Benefícios. Sistema de Gestão Integrado; Função Administração Patrimonial: manutenções preventiva, corretiva e preditiva; Gestão de Indicadores: Acompanhamento de indicadores; Análise de indicadores; Gestão de Compras: Modalidades de compras e orçamento; Lei 13.303/2016 (artigos 28 ao 91); Gestão de Contratos. Redação oficial: memorandos, comunicações internas e requerimentos.

BLOCO 2

2 – LOGÍSTICA E CONTABILIDADE 97

Matemática Financeira: Descontos, Juros Simples, Juros Compostos e Porcentagem. Registros Contábeis. Fluxo de Caixa. Noções de Logística: Modalidades de transporte. Noções de Gestão, Planejamento, Previsão e Controle de Estoques. Noções de Armazenagem.

BLOCO 3

3 – NOÇÕES DE INFORMÁTICA 128

Principais aplicativos comerciais para edição de textos e planilhas, tabelas e gráficos, correio eletrônico, apresentações de slides e para geração de material escrito e visual. Conceitos de organização de arquivos e métodos de acessos.

Técnico de Administração e Controle Júnior

INTRODUÇÃO

A pergunta que sempre escuto quando converso sobre concursos da Petrobras é como fazer para ser aprovado. Depois de fazer (e ser aprovado) em seis concursos da Petrobras, acho que consigo responder essa pergunta e infelizmente posso afirmar que não existe fórmula mágica. Mesmo assim, existem dicas que podem ajudar na preparação e por isso vou tentar mostrá-las nesse texto.

O primeiro passo é se ater ao edital e juntar uma boa base de livros de referência, não que você tenha que reler todos os livros e apostilas, mas é sempre bom ter livros ou apostilas para consultar em caso de dúvidas. É importante identificar claramente cada um dos assuntos do edital e estudar somente eles. Nessa hora o foco é muito importante, deixe as curiosidades, preferências pessoais e desafios para depois da prova, pense somente em ser aprovado.

Durante a minha época de concurseiro, eu sempre via colegas falando de ebook's disponibilizados na internet. Com raríssimas exceções, eu sempre achava aqueles materiais ruins e sem objetivo, já que eles geralmente são apanhados de textos achados no google, o autor (da coletânea) nem sempre se preocupa em ler e ver se aquilo faz sentido ou se é importante.

A minha idéia, ao escrever esse material, nunca foi de substituir os livros ou apostilas que tem por aí. Isso seria algo muito pretensioso e, felizmente, eu não sou assim. O meu intuito é fornecer um material mais focado complemente no seu estudo e que facilite a sua aprovação no concurso. Se você quer aprender a fundo os tópicos do edital e dominá-los como ninguém, a melhor coisa que você faz é ler e reler todos os tópicos desta apostila.

Agora se o seu intuito é ser aprovado em um concurso público, lembre-se que as questões cobradas em concursos não são complexas e nem tão pouco exigem conhecimento profundo. Com exceção de uma ou outra questão, uma boa visão geral dos conteúdos e treino resolvem a maioria das questões. Assim, o meu objetivo é fornecer um material que sirva de guia para um estudo focado e rápido dos conteúdos do programa, já que a maioria dos concurseiros só começa a estudar para valer após a publicação do edital, ficando, assim, com pouco tempo para estudar o vasto programa exigido no edital.

Outro passo é estudar pelas provas anteriores. Eu sempre gostei de fazer isso, porque creio que a partir delas você consegue conhecer o estilo da banca e como ela explora o conteúdo do edital (um fato curioso sobre isso é que eu usei o enunciado de uma questão para responder uma questão do concurso seguinte, mesmo cargo e mesma banca). Mesmo sabendo o conteúdo, você pode acabar se complicando por falta de experiência e domínio de tempo.

Eu nunca gostei de decorar, mas depois de ter visto várias questões que são resolvidas diretamente a partir daqueles conceitos, mudei de ideia e fui para a prova sabendo deles. Para lembrar deles, uma coisa que eu sempre faço é criar uma lista de fórmulas e conceitos (chatos) que devo decorar antes da prova. Geralmente na véspera de concursos eu apenas reviso essas listas.

Resumindo, eu uso as provas antigas com três objetivos:

• Primeiro eu separo uma ou duas provas para avaliar o meu conhecimento inicial e identificar quais assuntos eu preciso revisar;

• Depois de ter estudado, eu uso essas provas para conhecer o estilo de prova da banca e como ela cobra o assunto;

• Por fim, respondo exaustivamente as provas (item a item) para fixar os conceitos e treinar tempo de leitura e velocidade de resolução. Como o uso de calculadora não é permitido, conseguir fazer contas rapidamente é uma grande vantagem.

Além disso, é bom ter em mente o fator tempo e a estratégia a ser usada durante a resolução de provas. Isso é muito particular, mas eu vou dizer como eu respondo qualquer prova e porque eu faço isso. Pensando nisso e baseando-se em como você reage a fatores como pressão e nervosismo é bem provável que você ache a sua melhor estratégia. Em todas as provas que eu já fiz, eu percebi que a maior parte das questões eu sempre faço na parte final da prova. Numa prova de concurso com 70 questões para serem feitas em 4 horas, é bem provável que eu faça entre 40 e 50 questões na metade final do meu tempo de prova. A razão para isso é bem simples, geralmente no começo de qualquer prova eu demoro muito para me concentrar e conseguir raciocinar rapidamente em cima de problemas mais elaborados. Por causa disso, eu faço os problemas mais simples no começo e sempre pulo os mais complicados (gasto tempo para ler, mas nunca respondo de cara), retornando a esses somente depois de está concentrado. Se eu tentar resolver um problema mais complicado logo no começo, corro o risco de perder tempo desnecessariamente. Lembre-se também que o importante não é gabaritar ou responder toda a prova, é mais importante deixar algumas em branco e acertar todas que você tentou. Parece óbvio, mas já vi várias pessoas reclamando que perderam muito tempo em questões dúbias ou que no final foram anuladas.

Por fim eu diria que genialidade não é um fator crucial em concursos públicos. Na maioria das vezes são feitas questões que exigem apenas um conhecimento básico do assunto e se o candidato tiver estudado o assunto durante a sua preparação é muito provável que consiga acertar a questão. Quem pensa que concurso serve para mostrar genialidade e inteligência está profundamente enganado, o melhor lugar para isso é em pesquisa acadêmica e em problemas que não tem solução conhecida, algo bem diferente do que é cobrado em concursos.

Desejo a você uma boa sorte,

Boa Sorte e bons estudos!

Zélio Cabral

Organizador da apostila

Técnico de Administração e Controle Júnior

BLOCO 1

1 – PROCESSOS ADMINISTRATIVOS E LEGISLAÇÃO

Recursos Humanos: Recrutamento e seleção, plano de cargos e carreira

É fato que nos tempos atuais, infelizmente, ainda existam profissionais que não possuam a dimensão das possibilidades de carreiras existentes nas suas organizações. É claro que, diga-se de passagem, para haver tal ciência, as oportunidades de crescimento devem primeiramente existir. Desta forma, uma das ferramentas muito válidas tangentes à Gestão de Pessoas, por colaborar com a atração e a retenção de talentos, trata-se do plano de cargos, salários, carreira e remuneração, uma vez que a sua implantação favorece tanto à empresa quanto o trabalhador.

A implantação e o gerenciamento do plano de cargos e salários devem ser bastante cautelosos, pois o não cumprimento do mesmo, bem como a falta de conhecimento e informação por parte dos funcionários, pode acarretar em problemas de insatisfação, desmotivação e altos índices de turnover. É importante acreditar que os profissionais, quando integram a empresa, têm o objetivo crescer e saber das possibilidades naquele ambiente, ou seja, saber o que fazer e como fazer para alcançar seus objetivos, em outras palavras, devem receber orientação e feedback sobre as competências que precisam desenvolver. Pensar que as pessoas não são estáticas, mas que podem, por exemplo, se movimentar de um cargo para outro superior, significa ter uma ideia positiva sobre as mesmas e traduz a visão das empresas interessantes e atrativas.

Embora cada empresa tenha seu ritmo e suas peculiaridades, em se tratando da temática "cargos, salários, carreira e remuneração" que envolve a Gestão de Pessoas, sabe-se que uma das tarefas mais árduas é sempre a efetiva prática dos programas e das políticas, seja por falta de rigor na execução dos mesmos, entendimento, ou ainda por conta do pouco preparo dos gestores e da ausência da correta disseminação e da implantação no ambiente corporativo. Enfim, entende-se que, em meio a um cenário de competição entre as empresas, é imprescindível o pensamento sobre saídas promissoras ao negócio, contudo espera-se que estas, de algum modo, favoreçam todos os que compõem a organização.

Observa-se a existência de duas grandes provocações para as organizações: a primeira refere-se à atração de profissionais - pois para que estes se sintam atraídos pela empresa é necessária uma demonstração de suas vantagens. O segundo fator seria a retenção de pessoal - visto que após o conhecimento da organização e assimilação da sua cultura ou estrutura organizacional, para que estes permaneçam, é preciso identificar os pontos fortes, as oportunidades de melhoria e as possibilidades de crescimento profissional em várias dimensões.

Assim, verifica-se que ambas as partes almejam saídas para sobreviver à concorrência, o profissional, de um lado, com aperfeiçoamento e a busca por galgar posições cada vez maiores e melhores e a empresa, de outro lado, investindo em ferramentas, estudos e estratégias para cessar aos concorrentes. Dentre as alternativas encontradas pelas empresas de modo a obter a vantagem competitiva, o investimento na Gestão de Cargos e Salários, Carreira e Remuneração tem se apresentado como um aspecto interessante, por colaborar justamente com a atração e a retenção de pessoas, devido principalmente ao problema da rotatividade, vivenciado por muitas empresas, o qual as preocupada por conta dos bens, intangíveis e tangíveis, que se vão com a perda dos profissionais, haja vista que já fora realizado um investimento nos mesmos, em tempo dispensado com treinamentos e outros.

Vale frisar, contudo, que cabe a cada profissional administrar a sua carreira, sendo ele o maior responsável pelo seu sucesso, devendo, então, por meio da busca por formações e conhecimentos, investir no seu desenvolvimento. Do mesmo modo, é plausível que as organizações cumpram seus papeis no sentido de propiciar estes avanços, já que se tornou frequente, em alguns setores, desligamentos por iniciativa dos funcionários, motivados pela procura de oportunidades mais promissoras, pois embora pareça incoerente, há empresas que afirmam possuir um plano de administração de cargos e salários, mas que os trabalhadores nunca foram orientados e informados ou, então, em outras situações, as regras são burladas, provocando desigualdade, desequilíbrio e injustiças, inclusive permitindo brechas para possíveis passivos trabalhistas.

Verifica-se que todo plano de cargos e salários, carreira e remuneração deve estimular o crescimento e aumentar a confiança dos funcionários na empresa, mesmo que a velocidade dos processos não seja tão rápida, como desejável normalmente, mas que gradativamente, ao passo em que as mudanças forem ocorrendo, se fortaleça o sentimento de desafios pelas novas responsabilidades recebidas e pela valorização percebida por parte da organização, assim, possivelmente a qualidade da produção do trabalhador será melhor e, consequentemente a empresa obterá resultados mais satisfatórios.

16 ações que todo RH deveria saber fazer

Hoje acredito não estar mais em discussão a importância da área de Recursos Humanos. Pelo contrário, cada atividade, cada área, cada assunto discutido dentro da área de RH tornou-se extremamente estratégico para uma organização. Pequenas, médias e grandes empresas... Sejam elas brasileiras ou estrangeiras... Para cada uma delas, deveria existir uma estrutura mínima de Recursos Humanos.

Mas infelizmente essa ainda não é uma realidade presente no mundo da maioria das organizações, principalmente naquelas de pequeno porte, onde em sua maioria, não possuem um departamento de RH estruturado ou um profissional qualificado para isso.

E ainda pensando em RH como uma área estratégica, é preciso entender que para isso, não basta existir, mas tem que ser, tem que fazer acontecer. E como isso é possível?

Existe algum padrão a ser seguido? Como identificar a melhor estrutura de RH para cada empresa? Como desenvolver uma área de RH do nada? Como reestruturar uma área de RH que já existe mas que é deficiente? Como saber quais são as melhores práticas? Como saber quando e como implementá-las?

Quem acompanha meu blog e me acompanha profissionalmente sabe que estou na área há 24 anos... Comecei muito cedo com 16 anos e em RH especificamente com 19 anos e tive o privilégio de trabalhar em grandes empresas como a Shell Brasil e a Fininvest/Unibanco que foram uma grande escola na minha vida profissional. Depois fui presenteada com o mundo offshore e marítimo, conhecido também como Óleo & Gás desde 2003.

E foi aí sim que minha grande aventura em RH realmente começou e onde tive o privilégio de trabalhar e aprender com essas grandes e incríveis empresas:

- Fugro do Brasil como gerente de RH,

- Teekay Petrojarl como superintendente de RH,

- Diamond Offshore como gerente de RH Sr,

- Grupo TAPB como gerente de RH Corporativo,

- Farstad Shipping S/A como gerente de Gestão de Processos de RH onde atuo atualmente,

- E agora também como fundadora e diretora da consultoria P.O.B. People On Board Soluções em Gestão e RH e da Agência de Marketing Digital Web4br Macaé.

Então, baseada em toda essa experiência na área de Recursos Humanos e Gestão, decidi compartilhar com todos vocês como sonhei, idealizei e implementei as áreas de RH nessas empresas.

Diante disso, vamos falar aqui sobre 16 dicas e ações que todo RH deveria saber implementar. Espero que possa ajudá-los.

1. Diagnosticar a área de RH

Antes de falarmos sobre isso, gostaria de pensar na atitude do médico: a primeira coisa que ele faz (o bom médico, é claro) quando chega um novo paciente é fazer uma anamnese, que nada mais é do que uma investigação sobre a estória de sua saúde até você chegar a ele.

Através dessa investigação, ele poderá se sentir seguro para diagnosticar e recomendar o melhor tratamento e medicamento para esse momento atual.

Trazendo isso para a realidade de uma empresa, o primeiro passo quando pensamos em implantar uma área de Recursos Humanos é conhecer a empresa e o departamento atual. É fazer um diagnóstico, "uma anamnese", internamente e externamente para determinar a situação atual, onde deveremos dar mais atenção e o que (se existir) podemos usar como âncora para avançar. Esse passo é essencial!

Esse diagnóstico pode ser feito de duas formas:

1. A primeira delas é contratar uma empresa especialista no assunto, que fará todo o serviço, principalmente por ser expert. O lado positivo é que você não terá trabalho e poderá focar em outro assunto. Por outro lado, pode onerar e muito o seu orçamento. Mas, em compensação, os resultados são incríveis, afinal, eles sabem do que estão fazendo. Uma possibilidade ainda é tentar negociar isso de uma forma eficaz que possa equilibrar o custo/benefício desse projeto.

2. A segunda opção é você, como profissional de RH, tentar fazer internamente. E como fazer isso? Existem milhões de ferramentas que você pode encontrar na internet. Apresentações em powerpoint ensinando como fazer, modelos de como fazer etc. Obviamente não é tão fácil assim, mas é possível se houver um esforço e estudo de sua parte. É fácil? Não! Mas é possível! Depende de você! Eu já fiz internamente, e foi uma experiência incrível, mas eu já tinha alguma experiência no assunto.

Meu conselho é – e eu recomendaria algo simples, objetivo e direto: faça um questionário, por exemplo. Algo que busque as principais questões de uma empresa, como comunicação interna, gestão, remuneração e benefícios, histórico da empresa, segurança, relacionamento interpessoal, e por aí vai.

Como disse, se você pesquisar bem, estudar e se dedicar é possível realizar esse diagnóstico, que é essencial.

2. Identificar e mapear a área de RH

Bem, partindo do princípio que você já realizou o seu diagnóstico, você já sabe onde você se encontra.

Agora é seguir o próximo passo, que nada mais é do que mapear todo o processo que já existe. Aí você pode me perguntar: "Adriana como vou mapear um processo se não existe uma área formada de RH?". Boa pergunta! Mas é preciso lembrar que apesar de não "existir" esse RH formal, a sua empresa precisa contratar, correto? Precisa enviar para treinamento, pelo menos os obrigatórios? Precisa pagar os salários? Então você tem processos!

Seu desafio é identificá-los, mapeá-los, entender como eles funcionam agora e identificar quais os "buracos" e "problemas" nesses processos atuais. Esse passo é importante para que você localize os possíveis pontos de melhoria para que possa promover qualquer mudança.

Também um passo que você pode escolher é terceirizar a uma consultoria para realizar o serviço ou fazê-lo internamente. Essa escolha só você e sua empresa podem definir.

3. Criar novos fluxos e desenhos de processos

Chegamos ao terceiro passo, já diagnosticamos o departamento, já identificamos e mapeamos todos os processos atuais, agora chegou o momento de organizar tudo e promover as mudanças necessárias.

O que isso quer dizer? Quer dizer que agora você tem que redesenhar seus processos e fluxos de trabalho de acordo com as melhores práticas e técnicas.

Comece pelos mais importantes, os que causam mais impactos, ou os que tem maior custo, ou ainda aqueles que você considera essenciais para uma área de RH como, por exemplo: R&S, T&D, Remuneração e Benefícios, Pagamento de Salários, e assim por diante.

Nesse ponto, é muito importante que você conheça sua empresa e suas necessidades. Cada empresa valoriza ou prioriza um processo específico. E faz parte de sua função definir isso.

4. Implantar procedimentos e políticas

Depois de implementar os novos fluxos e redesenhar os novos processos, chegou a hora de começarmos a montar os procedimentos e políticas. O que é um procedimento? Explicando de uma forma simples, consiste num passo a passo de como você deve proceder em relação a algum assunto de RH.

Quando fala em procedimento, eu ligo imediatamente às regras da ISO 9001 – Qualidade. Você não precisa fazer isso, esse link que eu faço é imediato porque trabalho com qualidade desde o início de minha carreira, então uma coisa me leva diretamente à outra.

Se sua empresa está no processo de implementação da ISO 9001, automaticamente você terá que fazer isso de forma obrigatória, mas por outro lado, você terá uma consultoria por trás disso e isso te ajudará em todo o processo.

Caso sua empresa não esteja nesse processo, não precisa se desesperar. Existe o "Google" e existem várias dicas como criar um procedimento. Existe um passo a passo.

Da mesma forma, você pode também terceirizar o serviço.

5. Descrever todos os cargos e funções

Todo bom departamento de RH precisa ter descrito todos os cargos e funções de sua empresa. Isso é muito importante.

Toda empresa necessita de uma direção e organização das descrições de seus cargos. Todo colaborador precisa saber quais são suas atribuições, o que a empresa esperar do mesmo e até onde ele pode crescer na organização profissionalmente. Também é importante que ele entenda o que a empresa espera dele diante da estrutura que existe.

A descrição de cargos também funciona para discriminar quais as competências técnicas, comportamentais, a formação necessária, os cursos necessários, a língua, e assim por diante.

É tremendamente importante a descrição de um cargo para uma organização, pois é a base para implementar todo processo de avaliação, remuneração, remuneração variável, e para isso é necessário entender como são exercidas diariamente todas as funções de todos os colaboradores dos diversos setores de uma empresa.

Da mesma forma, você tem duas opções: terceirizar o serviço ou fazer por si mesmo, buscando modelos de descrição de funções na internet.

6. Implantar uma tabela salarial básica

O melhor dos mundos seria onde pudéssemos contratar uma empresa de ponta para implementar um departamento de Remuneração e Benefícios e para isso estamos falando de consultorias como a Hay Group, por exemplo. Eles são os mais respeitados e conhecidos nesse mercado, com uma técnica infalível de avaliação de cargos e salários. Conheço pouquíssimas empresas com esse processo implementado. Primeiro pelo custo que isso tem para as empresas, mas principalmente pela dificuldade de as empresas offshore se adaptarem a esse processo. Na verdade, ainda não conheci uma empresa offshore com esse sistema implementado. Esse, eu posso dizer, é o sistema dos meus sonhos!

Por outro lado, toda empresa precisa de uma organização salarial básica. Então vamos pensar dessa forma.

Criar um sistema salarial, mesmo que básico, não é fácil e se engana quem acredita nisso. É preciso muito conhecimento e experiência para se implementar uma área como essa.

É preciso saber como avaliar um cargo, as técnicas que existem, conhecer como fazer uma pesquisa salarial no mercado que você trabalha (que na maior parte das vezes é totalmente e completamente fechado), é preciso saber fazer os comparativos com o mercado, criar uma tabela salarial, fórmulas de cálculos, uma política de renumeração e benefícios, com regras, etapas, passo a passo.

Eu seria muito leviana se eu dissesse que é possível fazer isso sem um conhecimento mínimo nessa área. Não, não é possível. Eu levei anos estudando a área, fiz vários cursos, e ainda continuo aprendendo sobre a área.

Minha recomendação é: ou você, profissional, vai estudar e se especializar na área, já que existem vários cursos nessa área, ou então, contrata uma boa consultoria para fazer o serviço.

O mais importante aqui é que esse projeto tem que ser muito bem trabalhado, muito bem desenhado e implementado. Não há espaço para erros aqui. Então procure um bom profissional ou consultoria para ajudá-lo nesse processo. Vale a pena.

7. Recrutar e selecionar com qualidade

Bem, eu preciso confessar que eu amo essa área. Então, em minha opinião, uma empresa ou um colaborador que realmente valoriza os melhores profissionais, precisa implementar uma área de Recrutamento e Seleção de qualidade, por meio das seguintes atitudes:

1. Desenvolva um procedimento de Recrutamento e Seleção;
2. Crie um fluxo de contratação rápido e eficaz;
3. Tenha um ótimo banco de currículos, seja local ou na internet, ou contratando uma boa empresa de recrutamento;
4. Tenha alguém com experiência em entrevistas técnicas e comportamentais;
5. Implemente testes básicos para melhor avaliação de candidatos;
6. Faça entrevistas em grupo, pois te ajuda a ter uma visão mais global;
7. Prepare um check list de todo o processo de R&S;
8. Tenha parcerias com empresas de testes psicotécnicos;
9. Prepare todos os processos de exames, testes etc.;
10. Pesquise sobre seu candidato, busque referências;
11. Acredite no seu feeling... Normalmente ele diz algo importante.
12. Dê feedback sempre aos seus candidatos, seja ele positivo ou não;
13. Por fim, faça um bom processo de admissão e um ótimo processo de integração do novo funcionário;
14. Nunca deixe de acompanhar seu novo funcionário!

Treinamento, Desenvolvimento e Educação

8. Treinar e manter a segurança da empresa

Muitas empresas, em sua maioria, vêem o treinamento como algo obrigatório. Isso também é visto no caso das empresas offshore, que normalmente só investem naqueles que são contratuais, ou legais.

São poucas as que vêem o treinamento como um complemento, como um desenvolvimento para o seu profissional.

Eu tive a infelicidade, não sei se essa é melhor palavra, mas, enfim... de trabalhar numa empresa que entendia o treinamento como algo obrigatório e somente investia naquilo que era contratual. Nada mais! Mas também tive o grande privilégio de trabalhar numa empresa que tinha um grande investimento no desenvolvimento dos seus funcionários.

Antes de qualquer coisa, quando se cria um departamento de treinamento, você precisa entender e classificar da seguinte forma:

1. *Treinamentos Obrigatórios* – normalmente os que são contratuais exigidos pelos clientes, os que são legais exigidos de acordo com Lei, Normas regulamentadoras, ou ainda, em função da Marinha do Brasil, por exemplo.

2. *Treinamentos de Segurança* – aqueles exigidos pelos clientes e por normas regulamentadoras, legislação da área. Normalmente são obrigatórios também.

3. *Treinamentos Técnicos* – são aqueles que existem para melhor desempenho da função. São determinados pela própria empresa diante de sua matriz de treinamento.

4. *Treinamentos Extras* – são aqueles que são identificados durante o período de trabalho e podem existir em função de novo equipamento, de algum acidente, de nova tecnologia, nova legislação ou reciclagem.

Depois desse passo, você precisa criar alguns itens básicos:

1º Criar um procedimento e passo a passo da área de treinamento;

2º Criar uma matriz de treinamento padrão de sua empresa, separando e classificando os treinamentos conforme dito acima;

3º Fazer um levantamento das necessidades de treinamentos dos seus colaboradores de acordo com a legislação e necessidade;

4º Definir os colaboradores, as funções x treinamentos necessários;

5º Definir um calendário anual de treinamentos;

6º Organizar o agendamento e a logística dos treinamentos;

7º Preparar a avaliação de reação dos treinamentos;

8º Preparar a avaliação de eficácia dos treinamentos;

9º Acompanhar as alterações da legislação relacionadas aos treinamentos;

10º Preparar o orçamento de treinamento para o próximo ano.

9. Desenvolver sua equipe de trabalho

Quando se pensa em Recursos Humanos, automaticamente se pensa em equipe. Não se constrói um departamento de RH se não tiver uma equipe preparada, treinada para aquilo.

Todas as atividades ligadas à área de RH, ou seja, que demandam diretamente do trabalho humano, necessitam ser feitas com dedicação. É o sentido de coletividade, de trabalho em equipe e, para isso, todo líder tem que saber preparar uma equipe, tem que desenvolver sua equipe.

A equipe consegue trabalhar de forma que cada um de seus integrantes saiba exatamente o que o outro faz, sua forma de agir, sua função, sua atividade e o seu espaço dentro do grupo. Todos dentro do time são responsáveis por uma tarefa e consequentemente pelo sucesso ou pelo fracasso da mesma.

Primeiro você contrata, depois você treina, e consequentemente você vai desenvolvendo, ensinando, promovendo conhecimento para que eles possam não somente crescer, mas também andarem com suas próprias pernas.

Desenvolver uma equipe não é somente uma tarefa do líder, é uma missão. Sem isso não existe equipe e sem equipe, não é possível estruturar uma área de RH.

10. Preparar a liderança do futuro

Não preciso entrar em detalhes sobre a importância de uma liderança bem preparada, bem desenvolvida.

Muitas empresas, na hora de contratar um profissional, já procuram alguns pontos que sejam interessantes para elas. E uma das principais competências desejada pelas organizações é a capacidade de gestão.

Eu li que a Michael Page fez uma pesquisa onde diz que na hora da contratação, cerca de 42% das empresas buscam futuros profissionais com este diferencial em gestão, 32% com foco em resultados e 31% com facilidade de relacionamento interpessoal.

Isso já mostra a importância da liderança e das competências necessárias para sua boa formação. Mas nem sempre você consegue achar e identificar esses profissionais no mercado e é aí que a empresa precisa tomar uma decisão: desenvolver sua própria liderança! Investir no futuro da liderança da empresa!

E para isso, o profissional de RH precisa buscar treinamentos focados em produtividade, organização, planejamento, liderança, trabalho em equipe, financeiro, e por aí vai.

Liderar não é uma tarefa fácil. Portanto, investir em treinamentos de **liderança** para seus colaboradores é uma excelente oportunidade de desenvolver competências de gestão na equipe, além de poder de uma forma também ampliar e diversificar a visão estratégica.

Para isso é muito importante, desenhar um programa de desenvolvimento de líderes, identificando as principais competências que a empresa entende serem importantes, montando um plano de treinamento, com cronograma, e principalmente avaliando os resultados desse projeto.

Caso existam profissionais bem preparados e com as devidas competências necessárias, esse programa pode ser feito internamente. Mas como na maioria das empresas não temos esses profissionais, existe ainda a possibilidade de investir em empresas de treinamento específicas na área, ou ainda contratar com uma consultoria especializada em treinamentos de liderança. O importante é saber identificar qual a melhor opção para sua empresa e colocar em prática.

11. Mensurar os resultados dos trabalhos realizados

Todo bom administrador sabe, ou pelo menos deveria saber, que para um projeto ser bem realizado e completo, é necessário que se siga o ciclo do PDCA, conforme abaixo:

Para explicar um pouco sobre esse assunto, eu não posso deixar de citar Peter Drucker quando diz: *"Se você não pode medir, você não pode gerenciar."*

Quero falar mais especificamente sobre o "Check" (checar) do ciclo PDCA. Esse ponto do ciclo serve exatamente para que o departamento de RH possa mensurar os seus resultados, ou seja, medir e verificar se o seu plano de ação ou se a forma como você executou o seu plano ou ainda, de forma bem objetiva, se a forma como você colocou o seu plano em prática está realmente funcionando, e se funcionou bem.

Não basta saber que você realizou algum plano, é preciso entender que é preciso verificar se você atingiu a meta que você colocou para seu departamento.

E como podemos fazer isso?

1º No momento em que você colocar seu plano em prática, é preciso primeiramente "Estabelecer uma meta", ou seja:

A partir do momento que você preparou essa primeira parte, definiu suas metas, objetivos e está executando, aí você parte para o segundo passo dentro dessa parte do ciclo PDCA, que é medir os seus indicadores. Sim! Quando você segue os passos acima, você acaba de montar seus indicadores.

2º Com suas metas estabelecidas e definidas, você agora tem os indicadores de desempenho em mãos e, a partir daí, é necessário criar uma rotina de mensuração, de medição. Veja abaixo um exemplo:

Exemplo:

O que você quer alcançar? Treinar todos os colaboradores da empresa (vamos dizer que são 240 funcionários);

Quando você quer alcançar? Durante os 12 meses do ano, iniciando a partir de janeiro, por exemplo;

Como você vai alcançar? Agendar, em média, 20 treinamentos por mês;

Quanto você quer alcançar? 100% dos colaboradores treinados no período de 12 meses;

Como você vai medir? Mensal

$$\frac{N^{\underline{o}} \text{ de colaboradores treinados/mês}}{N^{\underline{o}} \text{ de colaboradores programados/mês}} \times 100 \Rightarrow \frac{20 \times 100}{240} = 8{,}33\%$$

12. Medir a temperatura/clima da organização

Você pode estar me perguntando agora:

Como se mede a temperatura de uma empresa? O que é exatamente "a temperatura de uma empresa"? Como traduzir essa temperatura de uma forma mais objetiva?

E você tem toda razão. Quando falamos em "medir a temperatura da empresa", parece algo tão subjetivo, tão desconexo quando se fala numa empresa.

Temperatura também traz à minha mente o clima de um lugar, de uma cidade, de um país. Cada lugar que conhecemos tem uma característica climática específica de acordo com sua localidade no mapa geográfico.

Agora trazendo isso para nossa realidade de empresa, de vida profissional, eu faço uma analogia direta de uma condição climática de um local, com a condição climática de uma empresa.

Então respondendo a pergunta lá de cima, medir a temperatura de uma empresa, nada mais é do que realizar uma Pesquisa de Clima Organizacional de uma empresa.

Podemos dizer que a Pesquisa de Clima Organizacional é um processo muito importante para avaliar vários fatores que interferem na satisfação ou insatisfação do trabalhador em relação à empresa. É uma forma de mapear as percepções sobre o ambiente interno da organização. Ela também analisa a forma como a empresa gere seus recursos. Assuntos como Gestão, Comunicação, Remuneração e Benefícios, Segurança, Liderança, Treinamentos, etc... são normalmente levantados numa pesquisa de clima.

Bem até agora, falamos de conceitos, mas como podemos colocar isso em prática? Essa técnica é altamente bem desenvolvida e demanda um profundo conhecimento no assunto. Não é simples montar uma pesquisa de clima, ela demanda algumas fases.

Não vou me atrever a falar e explicar cada uma dessas fases porque demandaria um e-book ou uma postagem somente para falar sobre esse assunto.

Para finalizar, lembro que esse trabalho, sendo bem feito, traz resultados importantíssimos para uma empresa. Esse trabalho também não pode ser feito de qualquer maneira, ou de forma superficial, é um trabalho meticuloso do início ao fim. É um trabalho com um objetivo final: medir a satisfação do funcionário e agir sobre a insatisfação.

Eu recomendaria a contratação de uma consultoria para isso. E mesmo assim, para fazer um projeto como esse, demanda tempo, aprofundamento sobre o assunto (até para saber o que você vai contratar), preparação do projeto, organização, aplicação, mensuração dos resultados e a principal parte, que são as ações que a empresa precisa tomar sobre os resultados. Esse é o objetivo final.

Gerenciamento de Desempenho e Gestão de Competências

13. Avaliar o desempenho dos colaboradores

Temos falado desde o início de nossa postagem nas várias ações que o departamento de RH poderia e deveria implementar numa empresa.

E todas, exatamente todas, têm seu grau de importância dentro do RH, sem exceção.

Falamos anteriormente sobre medir os resultados das atividades, medir as ações implementadas e medir até mesmo o clima organizacional de uma empresa. E agora chegou o momento de falar sobre medir o desempenho dos colaboradores.

A avaliação de desempenho é uma ferramenta muito eficaz, pois através dela é possível identificar os pontos de melhoria dentro de uma organização, especificamente do profissional dessa empresa.

O que é uma avaliação de desempenho?

Uma definição muito interessante e completa: "Avaliação de desempenho é uma ferramenta da gestão de pessoas que visa analisar o desempenho individual ou de um grupo de funcionários de uma determinada empresa. É um processo de identificação, diagnóstico e análise do comportamento de um colaborador, seu conhecimento técnico, sua relação com os parceiros de trabalho etc".

Quais os tipos de avaliação de desempenho mais conhecidas ou utilizadas?

Avaliação 360º - normalmente mais adotado pelas empresas atualmente. Método que proporciona a participação de todas as pessoas que se relacionam com o colaborador: pares, superiores, subordinados, clientes e fornecedores.

Balanced Scoredcard – visa alinhar o processo de avaliação com o planejamento estratégico, partindo dos parâmetros e objetivos esperados pela organização. Aqui se considera toda perspectiva de gestão, financeira, cliente, aprendizado e processos internos.

Avaliação por Competências – tem como objetivo identificar os conhecimentos e aptidões dos colaboradores de uma organização em contrapartida com as expectativas e metas das competências apresentadas pela organização.

Qual a melhor opção para sua empresa?

Depende! Depende da estrutura de sua empresa! Depende do quanto sua empresa pode investir em dinheiro, tecnologia e tempo.

Criar um processo de avaliação de desempenho bem estruturado demanda tempo, investimento e conhecimento no assunto. E sua empresa, ou melhor, o gestor de RH em conjunto com sua liderança precisa estudar e verificar qual a melhor opção para sua realização.

Que competências devemos avaliar?

Abaixo seguem algumas competências básicas para fazerem parte da avaliação de desempenho do colaborador. Mas é necessário avaliar e validar de acordo com as metas, objetivos e expectativas de sua empresa, ou seja, que tipo de competência você espera de seu colaborador. Exemplos:

1. Excelência

2. Desenvolvimento de Carreira

3. Ética

4. Produtividade

5. Planejamento

6. Comprometimento

7. Responsabilidade

8. Melhoria de processo no trabalho

9. Visão estratégica

10. Foco em resultados

11. Foco no cliente

12. Liderança

13. Trabalho em Equipe

14. Relacionamento Interpessoal

15. E outras...

Que etapas devemos seguir?

1. Análise e diagnóstico

2. Preparação dos instrumentais

3. Treinamento para avaliação

4. Tabulação e diagnóstico

5. Divulgação de Resultados

6. Plano de ação.

Como devemos proceder?

Acredito que com toda explicação acima, é perceptível que esse processo também não é algo simples de implementar, mesmo os mais básicos, exigem um conhecimento mínimo e treinamento adequado para que seja implementado.

Então minha sugestão é procurar um treinamento de qualidade, fazê-lo, entender com os outros colegas como eles fazem em suas empresas, assimilar as técnicas que o curso ensinar e colocar em prática. Mas antes de qualquer passo é preciso fazer um projeto bem detalhado para colocar esse processo em ação.

Outra possibilidade é buscar um profissional/consultor e terceirizar o serviço.

14. Manter uma comunicação direta e eficaz com seu colaborador

Acredito, pela minha experiência, que esse seja um dos maiores pecados da área de RH com a comunicação, seja ela de forma pessoal, telefônica, por email, individual ou em grupo.

A maioria das áreas de Recursos Humanos pouco dá valor à importância da comunicação interna. E isso traz resultados totalmente desastrosos e impactantes para os funcionários e para a própria imagem do departamento.

Diante disso, vou citar apenas 2 formas de comunicação com o funcionário que acredito serem as mais eficientes e que trazem bons resultados:

1ª Manter um canal direto, diário e eficaz de comunicação com o seu cliente interno, seu colaborador.

O ideal é implementar uma Central de Atendimento ao Cliente Interno, com uma pessoa focada apenas no atendimento, na resolução dos problemas, na resposta às dúvidas e questões do dia-a-dia do funcionário.

A Central, de preferência, deve ser uma área à parte da Folha de Pagamento, ou da área de Administração de Pessoal, assim poderá dedicar melhor e mais tempo ao funcionário.

2ª Manter comunicação com habitualidade sobre todos os assuntos de interesses dos funcionários através de:

- Memorandos
- Reuniões
- Emails
- Cartas explicativas
- Procedimentos
- Políticas

- Quadros de Avisos
- Intranet e outros

O cuidado com a linguagem, com a escrita e com o conteúdo é essencial para um profissional que se preocupa com a comunicação. Lembre-se que a comunicação só acontece quando você escreve e o outro entende. Se não fechar esse ciclo, a comunicação não foi efetiva.

Relações de Trabalho e Benefícios

15. Manter pacote de benefícios e salários dos colaboradores em dia

Discutimos vários assuntos, de várias formas, citamos várias técnicas, sugestões, mas não podemos esquecer que os funcionários esperam duas coisas principais:

1. Pacote de benefícios atrativo

Um bom pacote de benefícios é essencial hoje para atrair bons candidatos à empresa. Para se ter bons benefícios...

- É importante conhecer como o mercado oferece seus benefícios para você estabelecer o próprio pacote de forma a poder concorrer com seus competidores;
- Buscar seguradoras que possam oferecer o melhor custo/benefício, e também possam oferecer maior suporte, acompanhamento e melhor serviço.

2. Pagamento salarial em dia

Para um pagamento correto e bem organizado, são necessários alguns pontos importantes:

1.Um sistema de folha de pagamento automatizado, de preferência um que seja interligado com outras áreas, como financeiro, RH, contabilidade, etc... Alguns exemplos de sistemas conhecidos:

- ADP

- TOTVs (RM Labore)
- SAP
- E outros

2. Processos bem estruturados;

3. Checklists bem organizados;

4. Cronograma Mensal de Fechamento da Folha de Pagamento;

5. Procedimentos bem definidos;

6. Fluxos de trabalho bem desenhados;

7. Agenda de pagamento dos encargos.

Muito importante: para realizar o processamento de uma folha de pagamento, não basta apenas conhecer o sistema, mas tem que conhecer muito bem a Legislação Trabalhista e Previdenciária. Por isso a importância de treinamentos focados nesses assuntos, pontos de pesquisa para os profissionais e acompanhamento diário das mudanças na legislação, o que é muito mais frequente do que imaginamos.

16. Manter uma rede eficiente de contatos - networking

Networking (em inglês) é uma expressão que representa uma rede de contatos. Diz respeito às pessoas que um indivíduo conhece e aos relacionamentos pessoais, comerciais e profissionais que mantém com elas.

A palavra é a união dos termos em inglês "net", que significa "rede" e "working", que é trabalhando". O termo, em sua forma resumida, significa que quanto maior for a rede de contatos de uma pessoa, maior será a possibilidade de essa pessoa conseguir uma boa relação profissional, realizar bons negócios, obter informações e várias outras vantagens que se pode obter da rede formada.

Resumindo, eu costumo dizer que "Networking é tudo!"

Todo departamento de RH, todo profissional de RH, precisa de parcerias para colaborarem entre si, tirarem dúvidas e trocar informações. E nada melhor que o networking.

E como podemos criar e ampliar nosso networking?

1. Participando de reuniões de grupos e comitês de RH. No mercado offshore temos vários: Fórum de RH ABEAM, ABESPETRO, Comitê de RH ABRAN, ARH Macaé, etc.;
2. Seminários da área: ABHR, CONARH, ABTD – são apenas alguns deles.
3. Encontros de grupos de RH;
4. Treinamentos nas áreas;
5. Palestras da área;
6. Participações em eventos específicos do mercado;
7. Indicações de amigos.

Sistema de Gestão Integrado

10 benefícios para a organização

Até mesmo pequenos negócios como quiosques de rua contam com o suporte de algum tipo de ferramenta de automação. Isso não é feito apenas para melhorar processos internos e simplificar a gestão financeira. A indústria, por exemplo, conta com um sistema de gestão integrada.

A tecnologia definitivamente revolucionou a forma como as relações humanas e de consumo ocorrem. Hoje, não podemos mais imaginar o mundo sem os tablets, smartphones e notebooks. Também não vivemos mais sem as lojas virtuais, o relacionamento com empresas nas mídias sociais, entre muitas outras facilidades. É claro que essa realidade afeta diretamente a rotina das empresas. Acima de tudo, essa é uma forma de satisfazer as necessidades desse novo consumidor.

Um dos assuntos em pauta nas organizações é justamente o uso dessas ferramentas de automação: os sistemas de gestão integrada. É com esses tipos de sistemas que podemos otimizar a rotina da organização, cortando processos manuais e melhorando muito o desempenho da empresa.

O assunto é muito profundo, isso porque é necessário que o empreendedor domine bem alguns aspectos para que possam refletir a respeito da situação da sua empresa. Pensando nisso, resolvemos trazer um material especial, detalhando todas as informações o que os nossos leitores precisam saber a respeito de um sistema de gestão integrada.

Aqui você vai saber o que é um sistema de gestão integrada e quais são seus benefícios, descobrir os principais módulos, aprender a fazer uma gestão de mudança para o novo sistema, descobrir as principais métricas para medir o desempenho do ERP e, além de tudo isso, saber como realizar a contratação do melhor prestador de serviço na sua área.

Portanto, se você deseja que a sua empresa esteja por dentro das novidades e pretende implementar um Sistema de Gestão Integrada, continue a leitura deste post e descubra tudo o que você precisa saber sobre o assunto!

Afinal, o que é um sistema de gestão integrada?

O sistema de gestão é um programa de computador desenvolvido para auxiliar na gestão dos negócios. Eles são utilizados em todos os setores da empresa, independentemente do tamanho e do ramo de atividade do negócio. São também conhecidos como ERP — do inglês *Enterprise Resource Planning*

Normalmente os sistemas de gestão integrada estão interligados aos processos da empresa, desde a solicitação de compra de um suprimento até o recebimento da fatura. Permeiam todas as etapas produtivas e seus desdobramentos contábeis.

Benefícios do sistema de gestão integrada?

1. Melhoria no controle dos processos

Com a utilização de um sistema de gestão integrada todos os seus processos estarão suportados e controlados por ferramentas informatizadas.

Todas as operações serão registradas e o fluxo da informação e das atividades será monitorado. Assim, quando a nota fiscal de um insumo for registrada no sistema, o "contas a pagar" será informado, gerando um título a ser pago.

O estoque no almoxarifado será incrementado e disponibilizado para a área produtiva utilizar o suprimento. A área de manufatura manipulará este insumo e a área de vendas poderá vender o produto acabado que foi produzido.

O faturamento será feito e o "contas a pagar" receberá um valor a ser cobrado. Tudo isso com os controles fiscais e contábeis sendo feitos.

2. Diminuição dos retrabalhos

Haverá uma redução muito grande do retrabalho. A informação fluirá pelos diversos setores da empresa sem que haja manipulação e a alteração dos dados.

Trabalhos repetitivos serão sistematizados, disponibilizando recursos humanos para outras tarefas mais sofisticadas e estratégicas da empresa.

3. Confiabilidade das informações

Como as informações não serão mais manipuladas, a confiabilidade aumentará. A transferência dos dados para os órgãos fiscalizadores será mais tranquila e a possibilidade de erros diminuirá.

O atendimento ao Sped — Sistema Público de Escrituração Digital —, tanto o contábil quanto o fiscal, será feito com mais segurança e validado antes da transmissão para as instituições responsáveis.

Todos os registros de produção, necessários para o Bloco K, poderão estar disponíveis, facilitando o envio. Aplicativos de apoio à tomada de decisão, dotados de gráficos e relatórios sintéticos, estarão acessíveis para os gestores, facilitando a administração.

4. Utilização de dashboards

Gerir uma empresa baseado em suposições pode acarretar inúmeros problemas. Por outro lado, a utilização de dashboards de um sistema de gestão integrado apoia a decisão sobre cada tarefa a ser executada.

Desse modo, um painel de controle permite visualizar o que é feito em cada departamento: isso possibilita uma visão mais ampla do negócio e facilita o controle dos processos.

Além disso, gráficos são disponibilizados para apresentar o desempenho das tarefas. Assim, cada vez que uma atividade não apresentar o resultado esperado, as falhas podem ser corrigidas em tempo real.

5. Agilidade nos processos

Os processos estarão mais ágeis e transparentes — podendo ser visualizados por todos os departamentos da empresa. Além disso, alguns ERPs dispõem de facilidades para serem liberados para o chão de fábrica, garantindo rapidez nas atividades fabris e uma segurança maior no controle e acompanhamento da produção.

6. Otimização de processos

Além de ágil, o sistema inteligente permite o aumento na produtividade e a otimização nos processos da empresa. Isso porque os resultados podem ser monitorados e controlados pelo gestor.

Ao acompanhar o andamento das atividades, todas as tarefas podem ser organizadas para atingir as metas propostas e avaliar o desempenho dos colaboradores — retrospecto de vendas, produtividade da indústria, relacionamento com os clientes e a qualidade dos serviços, por exemplo.

A avaliação dos processos é baseada em dados confiáveis e precisos — e não somente em "achismos" e na intuição que, muitas vezes, pode falhar. Logo, a tomada de decisões é apoiada por aspectos realmente relevantes.

7. Redução de custos

O custo da operação total será reduzido. As despesas eventuais, como multas e atrasos, serão minimizadas face ao maior controle e supervisão. A eliminação do retrabalho e a assertividade nas tarefas também trarão um decréscimo no custo.

8. Redução de erros

De fato, as tarefas rotineiras executadas manualmente estão sujeitas a erros, principalmente quando a pessoa responsável realiza diversas funções na empresa.

Ao utilizar um sistema de gestão integrada, muitas demandas são automatizadas. Assim, as falhas são evitadas e o profissional pode se dedicar a atividades que realmente trazem retorno para a organização.

9. Redução nas perdas

Outro ponto importante é que um sistema ERP gera economia para a empresa e reduz as perdas. Isso porque ele identifica quais pontos precisam ser melhorados e mostra as opções adequadas para que as metas sejam alcançadas.

Assim, a redução das perdas refletirá em todas as fases do projeto: planejamento, execução, cadeia produtiva e logística. Ou seja, todas as operações e atividades que não agregam valor ao produto final são removidas do processo. Isso evita erros e desperdício de insumos e produtos.

Dessa forma, sem dúvidas, o melhor investimento que uma empresa pode fazer para otimizar os custos e reduzir as perdas é implantar um sistema ERP em suas atividades.

10. Abolição de diversos softwares

Algumas empresas utilizam diversos programas exclusivos para cada função (contas a pagar, folha de pagamento, impostos, controle das vendas, controle de produção, etc.). Além de sair caro o custo para cada licença específica, muitas vezes não é possível a comunicação entre os softwares — e isso representa desperdício de tempo e dinheiro.

Ao optar por um sistema ERP, todos os processos são integrados. Ou seja, existe um controle de ponta a ponta de todo o gerenciamento da empresa. Assim, o negócio ganha uma comunicação interna mais eficiente e os custos são drasticamente reduzidos.

Além desses benefícios que falamos até aqui, muitos outros serão acrescentados à sua empresa. Entre eles, podemos destacar:

- gera transparência e cria um clima organizacional (ambiente interno da empresa) mais saudável;
- padroniza os processos;
- fortalece a imagem da empresa no mercado;
- aumenta as vendas e o número de clientes;
- melhora a produtividade;
- aumenta a competitividade;
- utiliza as melhores práticas de gestão;
- melhora o fluxo da informação;
- reduz o tempo de reuniões;
- elimina incertezas;
- otimiza estoques;
- aumenta a qualidade dos produtos e serviços;
- diminui os riscos de acidentes (inclusive ambientais);
- eleva a satisfação de funcionários, clientes, investidores e acionistas.

Principais módulos dos sistemas de gestão

Pelo que deu para perceber, a ideia é integrarmos uma série de processos em um só lugar, certo? Com isso, podemos reduzir uma série de problemas que ocorrem nas organizações, como o retrabalho, gargalos de produção, ruídos de comunicação, entre muitos outros.

São muitas as funcionalidades de um Sistema de Gestão Integrada. A ideia é suprir todas as necessidades de uma organização. Podemos gerir melhor a cartela de clientes ou simplesmente organizar os processos internos para garantir o máximo de eficiência. Tudo isso de uma forma limpa.

Para que o nosso leitor consiga visualizar com mais clareza cada aspecto de um CRM, listamos os principais módulos explorados por ele. Vamos conferir?

1. CRM

Em primeiro lugar, temos o CRM (Customer Relationship Management). Esse módulo tem como objetivo trabalhar no gerenciamento do relacionamento com o consumidor. É indispensável para aumentarmos a vendas e, o que é mais importante, estabelecer um laço de proximidade com o cliente.

Basicamente, a ideia é coletarmos dados sobre a clientela para que possamos desenvolver um atendimento mais personalizado e, com isso, trabalhar na fidelização. Por meio do CRM podemos desenvolver um relacionamento de longo prazo, que certamente gera uma série de benefícios para a organização.

Para que você entenda um pouco mais sobre esse assunto, resolvemos trazer mais detalhes sobre o CRM. Confira.

Acompanhe o cliente de perto

O primeiro grande benefício do CRM é o fato de que você consegue acompanhar cada detalhe do relacionamento com o seu cliente. É possível conferir o histórico de compras, os motivos de recusa, o tempo médio de atendimento, entre uma série de outras questões.

Com esse tipo de informação você pode melhorar muito o relacionamento com o cliente.

Realize um atendimento personalizado

Como consequência do primeiro benefício temos a questão do atendimento personalizado. É claro que, com os dados do cliente, você evita um atendimento genérico e impessoal. A partir de agora você entende as necessidades do seu público e pode conversar na mesma "língua" que ele.

Monitore o funil de vendas

Outro grande benefício do CRM é o fato de que você poderá monitorar o funil de vendas, isto é, os clientes do fundo, do meio e do topo do funil. Dessa forma é possível elaborar estratégias específicas para cada fase e saber exatamente em que estágio o cliente especifico que será abordado se encontra.

2. SCM

Como vimos, tudo está sendo afetado pela tecnologia. Do consumidor ao fornecedor, todo o público externo que se relaciona com a sua empresa é influenciado pela tecnologia de alguma forma. A relação de consumo, portanto, agora está intimamente relacionada à tecnologia.

É justamente por conta disso que temos o nosso segundo módulo, o SCM (Supply Chain Management, ou gestão da cadeia de suprimentos). Da conclusão de uma venda até a entrega do produto para o cliente temos uma série de processos que devem ser monitorados para atingirmos uma performance melhor.

Da mesma forma como fizemos com o CRM, vamos verificar alguns dos principais benefícios e a funcionalidade do SCM. Acompanhe.

Tome decisões em tempo real

Cadeias de suprimento podem variar de complexidade de empresa para empresa, mas uma coisa é fato: quanto melhor for o nosso tempo de resposta, melhor será a solução para determinado problema. O SCM permite o monitoramento em tempo real de toda a cadeia, o que é fundamental para que você tome decisões tempestivas.

Planeje toda a sua cadeia

Outro grande benefício do SCM para a organização é o fato de que você pode planejar toda a sua cadeia de suprimentos, garantindo mais eficácia em todos os processos. Da compra de mercadorias até a entrega do produto para o seu cliente, você poderá pensar em cada etapa, o que torna tudo muito mais previsível.

Gerencie a burocracia

Em todos as cadeias de suprimento acabamos passando por uma série de burocracias, certo? Um grande exemplo são as notas fiscais. Por isso, o último benefício que listamos é a possibilidade de gerenciar uma série de documentações que são "geradas" ao longo da cadeia.

3. SRM

Muitos acreditam que o público externo de uma empresa é formado somente pelos clientes, mas essa é uma noção equivocada da realidade. O fato é que existe outro público indispensável para o sucesso da empresa e que também merece toda a sua atenção: estamos falando dos fornecedores de mercadorias, matérias-primas e serviços.

O SRM (Supplier Relationship Management) é um módulo que existe justamente para suprir essa carência. Com ele é possível gerir melhor as suas compras, trabalhar o relacionamento com o fornecedor de uma forma mais cuidadosa e, o que é mais importante, garantir as melhores condições para as suas compras.

Como os outros módulos, o SRM precisa de uma atenção especial, por isso listamos alguns dos principais benefícios a seguir.

Organize a lista de fornecedores

Em primeiro lugar, uma das funções mais importantes de um SRM é a organização da lista de fornecedores. Você pode categorizar todos de acordo com os tipos de produtos e serviços necessários para a sua empresa, como manutenção, matéria-prima, itens de produção, entre muitos outros.

Acompanhe o histórico

Outro grande benefício do SRM é o fato de que você pode monitorar o histórico com o seu fornecedor — não só a questão dos preços (que é indispensável), mas detalhes das operações, como tempo médio de entrega e atendimento, entre muitos outros.

Desenvolva um relacionamento lucrativo

Não é apenas a questão da produtividade que é importante. Outro ponto crucial está relacionado aos benefícios financeiros no seu relacionamento com o fornecedor. Com o SRM você tem as informações necessárias para construir um relacionamento mais frutífero com ele, o que é fundamental para melhorar as negociações.

4. PLM

Um produto é pensado, elaborado, fornecido para determinada empresa que, por fim, vende para o cliente final, que vai consumi-lo. Sim, todo o produto passa por uma história, seja ela contada dentro ou fora da sua empresa.

O PLM (Product Lifecycle Management) é a o módulo que permite que você compreenda cada aspecto da história do produto. Com isso, é possível melhorar processos relacionados a ele, trabalhar o desempenho do seu time e, é claro, garantir um padrão de qualidade para encantar o seu consumidor.

A seguir vamos explorar alguns dos principais benefícios desse módulo.

Monitore dados

Um dos grandes benefícios do PLM é que você pode criar um grande banco de dados a respeito dos produtos comercializados pela sua empresa. Dessa forma, pode garantir não só um padrão de qualidade, mas o que é ainda mais importante: trabalhar em um processo de melhoria contínua.

Descubra o potencial

Quais são os produtos que merecem mais atenção? Em outras palavras, quais deles geram mais receita e satisfação para o seu consumidor? Essa é uma informação que pode ser muito relevante, e certamente vai ajudá-lo a decidir quais são as mercadorias que merecem continuidade e aquelas que devem ser abandonadas.

Acompanhe todo o ciclo de vida

Por fim, com o PLM você acompanha o produto em todas as etapas do seu ciclo de vida: concepção, projeto, execução e serviço. A partir desse monitoramento você pode encontrar uma forma de descobrir falhas ou gargalos em cada uma das etapas.

5. Módulo de vendas

Agora vamos falar de um módulo que costuma ser confundido com o CRM, que vimos anteriormente, mas na verdade é uma unidade autônoma. Estamos falando do módulo de vendas, indispensável para acompanharmos tudo o que está relacionado a uma venda realizada.

Com o módulo de vendas você pode descobrir o desempenho da sua empresa nessa área — e o que também é importante, monitorar os resultados do seu time de vendedores. Com isso, pode passar feedbacks mais precisos para a equipe, pensar em estratégias para aumentar as vendas, entre muitos outros benefícios.

Vamos conferir um pouco mais sobre essa ferramenta logo a seguir?

Acompanhe indicadores de desempenho

O primeiro passo para melhorar as vendas é levantar dados. O módulo de vendas pode ajudá-lo com isso por meio do monitoramento de indicadores de desempenho. Taxa de conversão, ticket médio e ROI (Return On Investiment): todas as principais métricas podem ser acompanhadas em tempo real.

Monitore todo o processo

Esse módulo permite que você monitore todo o processo de vendas, e isso envolve desde o orçamento e a confirmação do pedido até o processo de separação de determinada mercadoria para o envio pela transportadora. Com olhos em tudo, você evita contratempos desnecessários para você e para o cliente.

Desenvolva metas precisas

Além de ajudá-lo com funcionalidades específicas para a criação e o controle de metas, o módulo de vendas sempre fornecerá informações indispensáveis para que você desenvolva metas realistas para o seu negócio, como aquelas obtidas pelos indicadores de desempenho.

6. Módulo de controle de estoque

Para concluir os módulos, é fundamental falarmos sobre esse que é um dos mais importantes para a gestão de uma empresa: o controle de estoques. Afinal, os estoques são ativos indispensáveis para o negócio e devem ser monitorados da mesma forma como acompanhamos as finanças da empresa.

Um controle de estoques bem realizado pode ajudar o empreendedor a garantir um capital de giro maior para o seu negócio, além de manter as principais mercadorias sempre à disposição do seu público.

Gestão de mudança eficiente para um ERP

Muitas empresas têm processos demasiadamente operacionais. Em outros casos, apesar de contarem com o suporte da tecnologia, as instituições ainda não possuem um sistema integrado para suprir todas as suas necessidades. Muitos chegam à conclusão, portanto, de que é o momento de mudar.

No momento em que o Sistema de Gestão ERP passa a ser uma opção, é importante realizarmos uma gestão de mudança eficiente. Afinal, a transição deve ocorrer da melhor forma possível para que você possa colher os frutos dessa decisão rapidamente.

O primeiro passo é reunir todos os dados que a sua empresa já possui e estão dispersos. O novo sistema vai se alimentar de todos eles e evitar essa dispersão, portando devemos ter todos eles "em mãos". Além disso, o gestor deve planejar cada fase da implementação para que ela ocorra da melhor forma possível.

O treinamento de equipes também é um passo indispensável na sua gestão de mudanças, afinal, os colaboradores também terão acesso ao sistema para introduzirem novas informações e realizarem os processos internos. Contar com o suporte do fornecedor nesse momento é fundamental.

Melhores métricas para medir o sucesso do ERP

Já falamos um pouco sobre a importância das métricas ao longo deste material. Na ocasião, nos referimos especificamente às métricas de vendas. Será que é possível fazer o mesmo para acompanhar o desempenho do Sistema de Gestão Integrada? Não só é possível, como o monitoramento deve ser feito constantemente.

Na verdade, o controle de métricas também faz parte da "filosofia" de um Sistema de Gestão Integrado. É dessa forma que podemos trabalhar no processo de melhoria contínua, tão importante para a sustentabilidade de uma empresa no longo prazo. No caso do ERP, métricas específicas podem ser acompanhadas para medir o seu sucesso.

A seguir, listamos algumas das principais métricas para que você extraia o máximo de potencial do Sistema de Gestão Integrada do seu negócio. Vamos conferir?

ROI (Return On Investiment)

Claro que não poderíamos deixar de mencionar o ROI. A métrica tem como objetivo calcular todo o retorno sobre o investimento feito nos sistemas internos da organização. Sim, a tecnologia é um investimento, e não um custo como alguns ainda pensam. No longo prazo, o retorno financeiro para a organização é significativo.

Satisfação do consumidor

Todas as métricas relacionadas à satisfação do consumidor devem ser monitoradas. É importante frisarmos que o Sistema de Gestão Integrada não é apenas um sistema que tem como objetivo a melhoria dos processos internos, mas também está intimamente ligado à satisfação dos clientes. Você deve descobrir, portanto, os impactos do sistema nessa relação.

Desenvolvimento dos colaboradores

Será que os profissionais estão realmente se utilizando dos novos sistemas ou estão fazendo tudo à moda antiga? O desempenho deles melhorou? Eles estão satisfeitos? No final das contas, eles são uma peça fundamental para o sucesso de um ERP, portanto, devemos acompanhar de perto como essa integração está ocorrendo.

Eficiência dos processos

Para concluir, é importante que você acompanhe a eficiência dos processos internos do negócio. Será que as entregas estão sendo realizadas mais rapidamente? Qual é o tempo médio de atendimento? A manutenção de estoques ocorre sob medida? Tudo o que era feito antes deve ser feito de uma forma ainda mais rápida e eficiente.

Como contratar a melhor solução

Se você chegou até aqui, provavelmente deve estar ansioso para implementar o Sistema de gestão integrada no seu negócio, certo? Pode ser ainda que você já conte com esse tipo de sistema, mas deseje trocar de ERP.

É preciso levar em consideração que a maioria das empresas já conta com esse tipo de solução. Para se manter competitivo, portanto, é preciso se adequar ao mercado.

Então, como contratar a melhor solução em ERP?

Certamente é preciso escolher um fornecedor do serviço que possa atender a todas as suas necessidades. Afinal, o objetivo é que esse sistema realmente colabore para gerar inúmeras melhorias para o seu negócio.

Em primeiro lugar, é importante descobrir quais fornecedores oferecem soluções personalizadas para o seu ramo de atuação — se essas empresas tiverem know-how a respeito da sua área é ainda melhor, pois elas poderão colaborar com toda a etapa do planejamento de implementação do novo sistema.

Além disso, o suporte é outro ponto que requer atenção. É preciso que o fornecedor do sistema se mostre disponível para a resolução de quaisquer tipos de problemas que sejam apresentados. Dessa forma você será capaz de manter a produtividade do seu negócio e conseguirá extrair o máximo das ferramentas.

Portanto, descubra as suas necessidades e mostre para o fornecedor tudo o que precisa ser atendido. Assim, ambos podem trabalhar em conjunto para desenvolver a melhor solução. Personalização é uma das palavras-chave de um ERP. O sistema precisa se adaptar à sua empresa e à sua realidade.

A automação é, sem dúvidas, o caminho certo para manter a organização no trilho do desenvolvimento. O mercado não para de apresentar novidades e os consumidores estão cada vez mais exigentes. O padrão de qualidade subiu muito, já que até mesmo os consumidores percebem os benefícios de um sistema como o ERP.

Do controle de estoques até a gestão de relacionamento com o consumidor: o fato é que, embora estejamos falando de processos completamente diferentes, todos devem trabalhar em conjunto para garantirmos melhores resultados. É justamente por isso que o ERP é tão importante — pois ele possibilita essa integração.

Esperamos que este material tenha lhe ajudado com os insights necessários para que a implementação de um ERP na sua empresa. As informações são indispensáveis para que você perceba que esse tipo de solução pode, de fato, contribuir para a criação de uma empresa com foco em inovação.

Função Administração Patrimonial: manutenções preventiva, corretiva e preditiva

O gestor de frotas ou o proprietário da empresa tem várias metas a seguir, sendo a redução racionalizada de despesas uma das mais importantes. É neste espaço que entram em cena as iniciativas para fazer uma boa manutenção dos veículos, de modo a agilizar suas operações de logística e evitar o atraso nas entregas.

Dentro deste tema, pode-se contar com manutenções preventivas, preditivas e corretivas. Você sabe a diferença entre elas e o que pode ser melhor para seu negócio?

O que é manutenção corretiva

Este tipo de cuidado com os veículos acontece depois que algum equipamento automotivo ou peça do sistema veicular quebra, falha ou apresenta avarias. Ou seja, o componente demanda conserto ou substituição para que o veículo volte a rodar sem problemas e com segurança para o motorista e a carga a ser transportada.

De todos os tipos de manutenção, esta é a mais onerosa para a empresa, porque em geral está atrelada a altos custos de mão de obra e pode deixar o carro fora de operação por mais tempo do que ocorreria com a manutenção preditiva ou a preventiva.

Dependendo do tamanho da frota e da organização da empresa, a paralisação pode levar a prejuízos consideráveis, devido à interrupção dos serviços, atrasos diversos, não cumprimento de prazos e até a perda de clientes pouco satisfeitos com tal situação.

O que é manutenção preventiva

Este método de manutenção é baseado em um planejamento que antecede o surgimento dos problemas na frota. Ele se fundamenta na Curva de Tempo Médio para Falha (CTMF) e, assim, permite a identificação precoce de eventuais problemas com os veículos.

Quando sua empresa adota a manutenção preventiva, aumenta-se a eficiência da frota, já que a programação dos reparos, recondicionamentos, ajustes e trocas de peças segue um cronograma já determinado anteriormente.

Isso não só diminui as surpresas recorrentes de colocação dos veículos fora de operação, mas também possibilita ao gestor um ótimo planejamento orçamentário.

O que é manutenção preditiva

Esta metodologia se trata quase de uma filosofia corporativa, na qual existe o monitoramento regular das condições mecânicas e da performance de cada veículo da frota. Com o emprego de instrumentos que medem determinadas métricas, como ultrassom, câmeras termográficas, termografia, testes de análise de vibração, inspeção visual simples, entre outros, o gestor e sua equipe vão ser capazes de identificar problemas nos veículos antes que eles se tornem mais sérios.

Tal circunstância possibilitará a reparação ou a troca de peças, antes que uma situação de risco se concretize. Esta metodologia exige treinamentos específicos e a compra de equipamentos, porém desonera a empresa de muitos custos no futuro, sem deixar, inclusive, que os veículos parem por muito tempo na garagem da empresa.

A importância de ter um plano de manutenção

Muitos frotistas preferem contar apenas com a manutenção corretiva em função dos valores a serem desembolsados na manutenção preventiva ou em um programa de manutenção preditiva, o que naturalmente seria um erro por se tratar de uma economia que poderia gerar um custo alto no futuro.

A falta do cuidado e de uma previsão de futuros danos pode fazer com que o proprietário do veículo acabe gastando muito mais do que o planejado em função de um defeito que pode causar a avaria de diversas outras peças. Um disco de freio, por exemplo, em caso de defeito, pode dar origem a uma colisão e, consequentemente, a danos bem maiores que o original.

Alguns mitos na gestão da manutenção de frotas

Como dissemos no tópico anterior, a simples manutenção corretiva acaba sendo uma opção mais utilizada pelos frotistas em função da economia que os proprietários pensam estar fazendo. Isso ocorre muito em função da ideia equivocada de que a manutenção preventiva sugerirá a substituição de peças, mesmo sem necessidade.

Na verdade, principal característica da manutenção preventiva não é essa, mas sim, conseguir identificar previamente qual é a medida do desgaste natural que as peças estão sofrendo, e quanto tempo ainda conseguirão suportar o trabalho em um nível aceitável.

É claro que, por segurança, algumas peças deverão ser substituídas ao atingir certa quilometragem, mas isso será feito sempre de acordo com a necessidade real de substituição.

Prejuízo em amplo sentido

Um programa de manutenção adequado evita muito mais do que gastos elevados com peças e mão de obra. Imagine que um veículo sem a manutenção preventiva em dia, ou sem um programa de manutenção preditiva, necessita parar em algum ponto do trecho para realizar um reparo.

Em um caso de emergência, o condutor não terá tempo para avaliar se ali está um mecânico de confiança e que o problema será resolvido em definitivo, o que pode acabar gerando um custo maior no futuro.

Outro aspecto importante nesse sentido é a quantidade de dias que o veículo necessitará ficar parado, fazendo com que o proprietário deixe de ganhar dinheiro, o que causa impacto em diversos setores da empresa, tendo em vista a diminuição do fluxo de caixa e de entrada de capital.

Qual o melhor tipo de manutenção: preventiva, corretiva ou preditiva?

Obviamente, nem sempre o gestor de frotas consegue escapar das manutenções corretivas. Pequenos acidentes, infelizmente, não são incomuns, ainda mais para quem trafega por trechos muito longos. Ninguém está 100% protegido de colisões nas vias ou de peças que quebram de forma inesperada.

No entanto, esses casos podem ser consideravelmente reduzidos se existe uma disciplina com as manutenções preventivas e um acompanhamento sério das manutenções preditivas. Então, o ideal é contar com as três formas de manutenção, evitando ao máximo deixar para realizar uma grande corretiva somente em emergências.

Dentro do programa de manutenção que será adotado para sua frota, pode-se escolher, portanto, apenas uma dessas metodologias ou mesclar algumas ações de duas ou de todas elas. Dessa forma, um bom planejamento proporciona economia de gastos com a reposição de peças e com o tempo parado de um veículo.

Gestão de Indicadores: Acompanhamento de indicadores; Análise de indicadores; Análise de indicadores

1. Introdução

O universo corporativo adotou os indicadores como forma de mensurar os resultados de um negócio, em todas as suas vertentes. De fato, os KPIs (*Key Performance Indicators*) ou Indicadores de Desempenho, são essenciais para uma gestão eficiente, pois permitem acompanhar a evolução de vários números relacionados ao crescimento, à produtividade e à competitividade da empresa.

Os indicadores são usados, basicamente, para **evidenciar a situação atual, para definir objetivos futuros, para avaliar a efetividade de ações e projetos e, ainda, para identificar gargalos, tendências e ameaças**. Apesar de serem indispensáveis para uma administração inteligente e enxuta, é preciso lembrar que monitorar os indicadores não é suficiente para assegurar o sucesso corporativo. Neste ponto, é importante localizar e analisar os fatores que influenciam — direta ou indiretamente — cada indicador e, assim, definir estratégias para garantir a evolução do desempenho geral.

Desta forma, é fundamental que o setor de Recursos Humanos da empresa defina seus Indicadores de Desempenho e utilize-os para embasar as políticas de gestão de pessoas, bem como para buscar o aprimoramento de práticas e rotinas de trabalho direcionadas ao capital humano.

2. Entenda o que são os indicadores de recursos humanos

Conceitualmente os indicadores de RH são **instrumentos que servem para monitorar e avaliar a empresa, por meio de seus colaboradores, processos, programas e metas**. Os indicadores costumam ter duas finalidades bastante claras: a primeira é descrever as atuais circunstâncias que envolvem a empresa. Já a segunda, é oferecer condições para uma análise detalhada dessas circunstâncias, com a intenção de identificar problemas, fraquezas e desvios que precisam ser corrigidos, por isso, são determinantes para a tomada de decisão.

Boa parte dos indicadores é representada por taxas e valores nominais, que facilitam a compreensão de todo o cenário. Esses índices são sempre comparados às metas a serem alcançadas, dentro de um determinado período de tempo. Muitas vezes, são aplicadas as cores de um farol de trânsito para auxiliar ainda mais o entendimento, tomando como base as práticas da gestão. O verde é comumente utilizado quando os indicadores estão dentro do programado. O amarelo para situações que merecem atenção, como atrasos ou quedas significativas. Já o vermelho, é usado para indicadores distantes dos objetivos previamente traçados e que exigem um plano de ação que tenha como propósito recoloca-lo na faixa planejada (cor verde).

Existem diversos indicadores de RH que devem ser adotados pelas empresas e praticamente todos podem ser customizados, de acordo com as características e peculiaridades do negócio e do segmento de atuação. Entretanto, alguns deles são elementares à gestão do RH e precisam fazer parte do planejamento do setor. Assim, a definição dos indicadores é sempre um grande desafio, já que esses **KPIs precisam estar adaptados às particularidades da empresa, gerando informações verdadeiramente úteis**, que colaborem para uma administração de pessoal eficaz e segura.

3. Qual a importância dos indicadores de RH para minha empresa?

Os indicadores de recursos humanos são essenciais para confirmar a importância dos investimentos em gestão de pessoas, comprovando a otimização dos processos, a redução de despesas e o aumento da produtividade. Afinal, contratar colaboradores, efetuar os pagamentos e administrar as obrigações legais não é suficiente para garantir a atração e a retenção de talentos, os altos índices de motivação e engajamento, o desenvolvimento dos profissionais e a formação de equipes fortes e competentes.

Portanto, o uso dos indicadores de desempenho é fundamental para revelar quais práticas estão sendo realmente efetivas, o que precisa ser repensado, as falhas de planejamento, além dos níveis de satisfação e de comprometimento dos times.

Porém, a escolha correta dos indicadores depende também de uma visão mais ampla e, por isso, o RH precisa conhecer o negócio profundamente. Os fatores internos — como cultura e valores corporativos, o perfil ideal dos colaboradores, os processos produtivos e administrativos, as exigências e responsabilidades de cada departamento — devem ser bastante explorados. As variáveis externas também precisam ser consideradas — como a situação do mercado, os impactos da atual crise, os concorrentes, a chegada de novas tecnologias, as mudanças no comportamento e nas prioridades dos profissionais e, principalmente, os desafios imediatos e futuros a serem superados.

Somente com essa panorâmica abrangente, o RH será capaz de definir os indicadores mais adequados para apoiar a administração de pessoal e também para suportar as estratégias da empresa.

4. Quais são os principais indicadores e como eles funcionam?

Há vários indicadores utilizados na área de recursos humanos, tanto para facilitar o dia a dia, como para agilizar e fundamentar a tomada de decisões. Muitos podem sofrer variações de acordo com o porte, número de colaboradores e unidades de negócio, complexidade da operação, especificidades do setor ou modelo de gestão adotado pelas empresas.

Confira agora quais são os principais indicadores de RH:

4.1. Índice de Rotatividade(*Turnover*)

O Índice de Rotatividade — também conhecido como *Turnover* — indica a quantidade de colaboradores que saem e que entram na empresa, em um determinado período. Esse indicador serve como base para várias análises, pois **pode apontar uma baixa atratividade da empresa em relação à concorrência** e, neste caso, é preciso revisar as políticas já aplicadas, a fim de evitar a perda de bons profissionais.

Outra questão a ser analisada é **a assertividade dos processos de recrutamento e seleção**, já que equívocos nas contratações normalmente estão vinculados a falhas na definição do perfil ideal do colaborador. Além disso, quando a taxa de rotatividade é alta, os custos também aumentam, seja com o pagamento das rescisões contratuais ou com novas seleções.

Vale frisar que taxas acima de 5% merecem ações especiais. Uma prática necessária é a realização de uma entrevista de desligamento com os colaboradores que solicitam a demissão. Deste modo, é possível reunir mais informações e impressões, que devem alimentar as análises do RH.

4.2. Absenteísmo

O absenteísmo é mais um importante indicador de RH. Medir as taxas de ausência dos colaboradores é fundamental, bem como compreender quais são os motivos dessas faltas ou atrasos.

Os casos médicos exigem mais cuidado, pois **podem estar relacionados às condições de trabalho, saúde e ergonomia oferecidas pela empresa**. Porém, o absenteísmo também pode estar vinculado a **problemas pessoais, como conflitos com colegas e gestores, endividamento ou dependência química**. Assim, os absenteístas devem ser acompanhados por uma equipe multidisciplinar, contando com médicos e assistentes sociais. Com o suporte adequado, o profissional pode vencer as dificuldades e voltar a ter uma performance positiva.

4.3 Índice de retenção de talentos

O índice de retenção de talentos **mostra a eficiência das estratégias direcionadas a esse público**. É medido com base no número de talentos perdidos para o mercado ou concorrentes. Entretanto, a eficiência deste indicador depende da criação e da atualização de um "banco de talentos", composto por profissionais identificados como potenciais candidatos a futuras oportunidades, por meio de critérios transparentes — como a avaliação de desempenho e os resultados obtidos.

Novamente, a entrevista de desligamento é mandatória para a compreensão dos pontos fracos da gestão. Esse KPI pode ser calculado para cada setor, de forma a evidenciar possíveis diferenças e áreas críticas da empresa. Neste caso, é preciso agir nos departamentos problemáticos e diagnosticar as razões que levam os talentos a abandonarem a empresa. O estilo de liderança e a falta de perspectivas de crescimento estão entre os motivos mais comuns.

4.4 Tempo médio de empresa

Este indicador de recursos humanos está **relacionado à taxa de rotatividade, à atratividade e à capacidade de retenção**. Na verdade, trata-se do tempo médio de permanência, com base no *headcount* (número de colaboradores) total. O ideal é complementar essa análise, com um detalhamento do perfil dos profissionais, incluindo idade, escolaridade, estado civil e progressão na empresa.

4.5 Custos de rotatividade

Os custos da rotatividade abrangem todas as despesas referentes ao pagamento das rescisões contratuais, incluindo multas e tributos. Soma-se a esse valor os gastos para a reposição do profissional desligado, por meio de novos processos seletivos. Além disso, é preciso incluir o investimento feito em treinamentos e qualificação. De fato, esse custo deve ser encarado com um desperdício. Por isso, a importância de manter a taxa de rotatividade sob controle, dentro das métricas definidas no planejamento estratégico.

4.6 Produtividade

A produtividade da equipe de RH pode ser **medida por meio de três elementos básicos: tempo, qualidade e custos**. Assim, alguns outros indicadores comprovam os índices de produtividade do setor, como o atendimento aos prazos, a satisfação dos clientes internos, a incidência de falhas, a redução de despesas, a racionalização de recursos e a otimização de processos. Os períodos desperdiçados com paradas, manutenções corretivas, indisponibilidades e distrações também contribuem para esse indicador.

Do ponto de vista da produtividade da empresa, podem ser considerados como ponto de partida os indicadores de receita por colaborador e de lucro líquido por colaborador. Obviamente, há métricas específicas para cada tipo de processo e de atividade, cabendo aqui uma pesquisa mais detalhada sobre este tema.

4.7 Avaliação de Aprendizagem

A avaliação de aprendizagem serve para **confirmar a eficiência** dos programas de treinamento. Por meio de uma avaliação realizada pelos gestores, é possível mensurar a evolução das equipes. Neste caso, cabe ao gestor observar a melhora do rendimento de cada profissional.

De forma complementar, é importante recolher a impressão do próprio colaborador sobre a utilidade do conteúdo, as condições para a aplicação dos novos conhecimentos e o incentivo à inovação. Formulários bem elaborados são imprescindíveis para a coleta desses dados, com o intuito de eliminar a subjetividade das informações. Afinal, indicadores devem ser exatos e de fácil entendimento.

4.8 Autoavaliação

A autoavaliação consiste em uma avaliação de desempenho, preparada diretamente pelo colaborador, tomando como base alguns parâmetros preestabelecidos. Na sequência, acontece uma discussão com o gestor — que também já fez a mesma análise — para que haja uma comparação entre escalas de valor e percepções.

Essa conversa serve como um importante *feedback*, **onde o gestor pode orientar, instruir, corrigir comportamentos e esclarecer as expectativas da empresa**, sempre com foco no aprimoramento profissional. É o momento perfeito para a elaboração de um plano de desenvolvimento individual e para a definição conjunta de novas metas. Entretanto, o RH deve acompanhar os níveis de aderência entre as autoavaliações e as avaliações realizadas pelos gestores, com a finalidade de detectar discrepâncias, que podem indicar imaturidade das equipes ou excesso de rigor das lideranças.

4.9 Investimento em treinamento

O investimento em treinamento é um indicador de RH, que **baliza a análise sobre a produtividade das equipes**. Na verdade, a capacitação está intimamente relacionada com a performance dos colaboradores, já que *know-how*, experiência, criatividade e inventividade, são elementos necessários ao sucesso de qualquer operação.

Ao investir em qualificação, a empresa conquista times mais questionadores, críticos, capazes de conquistar resultados excepcionais. Assim, é importante acompanhar os aportes realizados em programas de treinamento, ano após ano.

Neste sentido, é preciso frisar que a programação deve contemplar as necessidades reais da empresa e o perfil de seus profissionais, evitando o subaproveitamento dos recursos financeiros e do tempo. Com esse alinhamento, é possível eliminar monopólios ou lacunas de conhecimento, garantindo a construção de times adaptáveis e multifuncionais.

4.10 ROI em Treinamentos (Retorno sobre o Investimento em Treinamentos)

O ROI — Retorno sobre Investimento — **compara os valores gastos em capacitação e melhorias obtidas nos processos e rotinas de trabalho**. Ou seja, este indicador mensura a colaboração dos cursos para a redução de problemas, perdas, falhas, atrasos, retrabalhos e acidentes. Assim, estabelece uma relação entre as despesas e os prejuízos financeiros evitados e os investimentos na qualificação das equipes. É uma informação importante para assegurar a manutenção e ampliação das verbas liberadas para os programas de treinamento.

4.11 Índice de reclamações trabalhistas

Esse indicador também **evidencia aspectos relacionados à gestão, à obediência, à legislação trabalhista e à seriedade das políticas internas**. Algumas situações são bastante típicas e geram reclamações, como as condições de trabalho — envolvendo periculosidade, insalubridade, segurança, ergonomia e saúde —, além dos atrasos nos pagamentos e nos recolhimentos do INSS e FGTS, as horas extras e seus reflexos, os adicionais, a equiparação salarial e o assédio moral.

É preciso cuidar de todos esses fatores, pois as indenizações — em caso de ganho de causa do colaborador — costumam ser elevadas, colocando em risco as finanças da empresa. O indicador aponta o número e a natureza das reclamações recebidas, durante o ano.

4.12 Clima Organizacional

O indicador de Clima Organizacional é conseguido por meio de **uma pesquisa específica, conduzida junto aos colaboradores**, de modo que todos tenham a oportunidade de responder a questões sobre o relacionamento com os gestores, as oportunidades de crescimento profissional, o acesso a recursos necessários à realização das tarefas cotidianas, o contentamento com as políticas de remuneração e benefícios, o incentivo ao aprendizado e às ações de reconhecimento e valorização do indivíduo, por exemplo.

Como a pesquisa adota notas para classificar o grau de satisfação das equipes, é fácil perceber quais são os pontos fortes da gestão de pessoas e, principalmente, quais as práticas e estratégias que precisam de ajustes imediatos.

4.13 Cumprimento do Plano Orçamentário

O cumprimento do Plano Orçamentário é um indicador financeiro, diretamente vinculado às despesas de RH. De fato, esse indicador **avalia a capacidade de planejamento e execução** do setor, já que o orçamento anual é aprovado no exercício anterior, a fim de garantir o provisionamento correto dos valores. Por isso, é fundamental acompanhar todos os gastos com cautela, já que os imprevistos e demandas emergenciais podem surgir a qualquer instante. E claro, preparar o orçamento do próximo ano com antecedência, tomando como base um levantamento de necessidades completo.

4.14 Custo per capita de benefícios corporativos

Esse indicador aponta os custos da empresa com os benefícios corporativos concedidos, de forma per capita. Trata-se de uma **comparação entre os gastos absolutos e o número de colaboradores** presentes na folha de pagamento, em um mesmo período. Considera-se os benefícios comuns a todos, inclusive os previstos na legislação e no acordo coletivo da categoria. Como os benefícios fazem parte da estratégia de atração e retenção de talentos, esse indicador ganha ainda mais destaque.

Para uma análise profunda, é essencial confirmar se os benefícios oferecidos são realmente valorizados pelos profissionais. Muitas vezes, a empresa assume despesas que não causam os impactos esperados nos índices de motivação e engajamento das equipes. Uma prática cada vez mais difundida é permitir que o próprio colaborador escolha sua carteira de benefícios, dentro de um portfólio predeterminado. Assim, é possível garantir a satisfação de todos, independentemente do perfil ou do momento pessoal.

4.15 Relação entre horas extras e horas trabalhadas

Esse KPI também está ligado ao conceito de produtividade e demonstra a relação entre a quantidade de horas extras — pagas ou administradas em banco de horas — e as horas totais trabalhadas. Essa taxa é importante para diversas avaliações sobre a capacidade operacional, a sobrecarga de algumas equipes, a alocação de mão de obra, o cronograma de projetos, a flexibilidade dos times e a necessidade de novas contratações.

4.16 Folha de pagamento

A folha de pagamento traduz todas as despesas da empresa, com o pagamento de seus colaboradores, incluindo os encargos legais e o impacto da inflação e do dissídio coletivo.

Esse indicador faz mais sentido quando comparado a outros valores, como, por exemplo, com o faturamento bruto ou líquido, com o aumento das entregas e com o número de colaboradores. Assim, é possível avaliar se a política de remuneração, cargos e salários está coerente com as expectativas da empresa, principalmente se confrontada com os índices de crescimento da produtividade corporativa.

Para auxiliar os profissionais de RH e a empresa nessa demanda, a Metadados, empresa especializada em soluções tecnológicas e serviços de apoio à gestão de pessoas, oferece um produto desenvolvido para medir os indicadores de RH com precisão, assertividade e agilidade.

5. Como aplicar os indicadores de RH?

O primeiro passo da aplicação dos indicadores de recursos humanos consiste na definição dos objetivos macro da empresa e no consequente desdobramento desses objetivos em metas — envolvendo todos os setores, gestores e equipes. Então, o sistema de KPIs deve servir para apoiar o atingimento dessas metas e, por isso, a escolha dos indicadores precisa estar alinhada ao planejamento corporativo.

Considerando a importância estratégica dos indicadores, é fundamental contar com fontes confiáveis de dados. Por isso, a aplicação dos KPIs depende da sistematização da coleta das informações, de modo a garantir a segurança da composição e da atualização desses indicadores. Da mesma forma, é preciso observar a frequência de medição, para que seja possível identificar, rapidamente, desvios e falhas, evitando maiores prejuízos ou perdas.

Ações preventivas e corretivas devem estar suportadas por esse sistema. As preventivas são resultado da análise de históricos e tendências, que permitem antever problemas a médio e longo prazos. As corretivas, por sua vez, são necessárias para eliminar as dificuldades já identificadas. Neste caso, é preciso contar com a experiência, a criatividade e a proatividade dos profissionais, para vencer esses obstáculos com agilidade.

A divulgação dos indicadores também é uma etapa importante para que os colaboradores possam acompanhar o desempenho de projetos, campanhas, ações e do setor como um todo. A divulgação deve ser constante e, para tanto, existem diversas soluções tecnológicas disponíveis. Os softwares de gestão, as redes sociais colaborativas, os aplicativos e os e-mails são ferramentas bastante utilizadas para manter a equipe informada.

Assim, o RH consegue ter uma visão ampla dos efeitos das políticas relacionadas à gestão de pessoas, podendo estipular novas metas, alterar procedimentos, buscar melhores práticas, fomentar a cultura da produtividade e, principalmente, alcançar níveis significativos de satisfação, motivação e desempenho entre seus colaboradores.

6. Conclusão

Diante de um mercado cada vez mais exigente, todas as empresas se veem obrigadas a buscar diferenciais competitivos, por meio de uma gestão eficiente, direcionada ao capital humano. Neste sentido, a produtividade — individual e coletiva — é um desses diferenciais. Para garantir o crescimento contínuo e sustentável dos índices de produtividade, é fundamental definir metas desafiadoras, reforçar a comunicação e monitorar o progresso, por meio de indicadores de desempenho.

Assim, é possível acompanhar as variáveis da gestão, como, por exemplo, a efetividade de ações e estratégias destinadas à saúde, à segurança dos colaboradores, à ergonomia e às condições de trabalho, aos níveis de atratividade da empresa perante o mercado, ao potencial de retenção de talentos, à eficiência dos programas de treinamento, ao grau de utilização dos benefícios corporativos, à capacidade de planejamento de demanda da mão de obra e, principalmente, às taxas de satisfação e engajamento dos colaboradores.

Essas **informações precisam ser coletadas, mensuradas e analisadas, de modo a alimentar os indicadores que, por vez, sustentam o processo de tomada de decisões estratégicas.** Essas decisões podem envolver a necessidade de readequação do efetivo, de novos investimentos e aquisições, de expansão do negócio e da elaboração de políticas de gestão de pessoas mais eficientes. Desta forma, fica evidente a importância de definir indicadores de RH verdadeiramente úteis, capazes de representar com clareza os resultados gerados por todos os processos e rotinas, possibilitando uma administração de pessoal mais inteligente, dinâmica e integrada à realidade da empresa.

Gestão de Compras: Modalidades de compras e orçamento

Atualmente, a **gestão de compras** é tida em conta como um fator estratégico nos negócios das empresas, focalizando o volume de recursos, sobretudo, financeiros. A função desta atividade que compactua com todos os departamentos, tem como objetivo de eficiência a obtenção dos materiais certos, das quantidades corretas, das entregas atempadas e dos preços mais vantajosos. Relativamente aos produtos ou serviços finais são necessários gastos nas compras de componentes para a produção dos mesmos. Tais gastos refletem entre 50 a 80% do total das receitas brutas. Como tal, evidenciam-se grandes impactos nos lucros quando são gerados pequenos ganhos devidos a uma melhoria na produtividade. Por este e outros fatores, como a reestruturação tecnológica das empresas, torna-se cada vez mais importante a atualização da informação e o dinamismo por parte das pessoas que trabalham nesta área. Os departamentos de compras têm como principais responsabilidades a escolha de fornecedores adequados e a negociação de preços. É correto afirmar que são necessários contribuições de outros departamentos tanto para a pesquisa e avaliação de fornecedores como para a negociação de preços. Segundo a observação anterior, e num sentido amplo, induz-se também que comprar é uma responsabilidade de todos.

O ciclo de compras

O processo de requisição de materiais, sejam eles de qualquer tipo, é definido pelo ciclo representado na Figura 1:

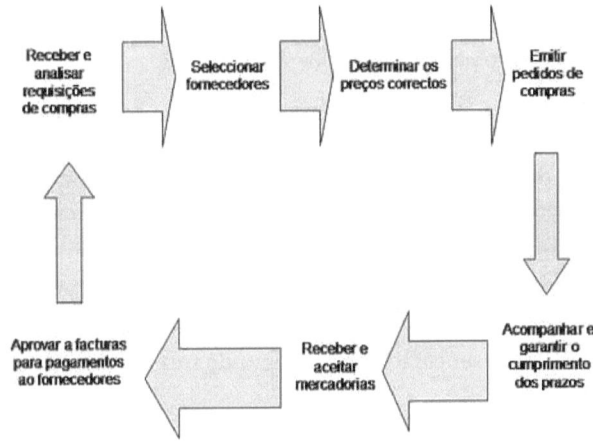

Figura 1 : Ciclo de Compras

O ato de comprar deriva de uma tomada de decisão baseada na observação de certos fatores. Estes podem ser orientados em 3 categorias de exigências:

Quantidade

A evolução dos mercados é a condição que determina a quantidade a adquirir, sendo que esta sugere de forma preponderante a maneira de como o produto será utilizado. O custo de produção é então fortemente influenciado pela quantidade adquirida.

Preço

As exigências de preço têm por base o estudo do produto perante os desenvolvimentos de mercado e o seu valor econômico.

Funcional

A exigência funcional é a categoria mais importante por ser aquela que regula as outras exigências. No que diz respeito ao produto, a alienação da sua forma com o seu desempenho revela dificuldades para uma prospecção de sucesso, isto porque o mesmo passará pela satisfação a níveis estéticos ou práticos por parte do cliente. Destaca-se ainda a interligação existente entre a funcionalidade e a qualidade para que o produto tenha êxito no mercado. Com vista à obtenção de qualidade, o planejamento surge como principal fator por tratar do projeto, produção e utilização do produto. Posto isto, o produto é então avaliado qualitativamente pelo consumidor final.

Seleção de fornecedores

Atualmente, as empresas necessitam cada vez mais de desenvolver produtos com qualidade e capazes de concorrer no mercado. Para que tal seja possível, são necessários bons fornecedores com capacidade de garantirem materiais de qualidade, bons prazos de entrega e preços acessíveis. Para o discernimento da melhor opção a tomar, os departamentos de compras analisam os fornecedores utilizando critérios de baixo custo e qualidade.

O fornecimento à empresa pode ser caracterizado segundo três fontes:

Fonte única

O Fornecimento segundo fonte única requer exclusividade, devido à tipologia do produto ou a especificações por parte do fornecedor.

Fonte múltipla

Tal como o nome indica, são utilizados mais do que um fornecedor, o que dá azo a uma maior concorrência entre si, desencadeando melhores preços e serviços para as empresas.

Fonte simples

Este tipo de fornecimento requer planejamento por parte das empresas. Compactua-se com um fornecedor, escolhido entre vários, com o intuito de um fornecimento por longo prazo.

Escolha e seleção de fornecedores

Tendo em consideração os dois critérios utilizados pelos departamentos de compras para a escolha de fornecedores, existe também a necessidade de se atentar à suas estruturas e aos seus aspectos técnicos de forma a que permitam o suporte necessário para a realização dos produtos propostos. Outros aspectos a ter em conta na escolha, são os serviços pós-venda, relegando importâncias para o seu sistema de suporte, e a localização do fornecedor, que deve ser o mais próximo possível do contratante para evitar falta de matéria-prima ou produtos.

Após a escolha, procede-se à seleção de fornecedores com base no enquadramento do produto. Para tal, pode ser utilizado um método de classificação onde são atribuídos pontos com ponderações por cada característica constante no controle de compras.

Negociação em compras

A negociação em compras é um fator importante no que diz respeito, por exemplo, à negociação de preços entre profissionais de vendas e o negociador da empresa. A negociação é baseada nas teorias das decisões, na comunicação e na sociologia. No desenvolvimento de um processo de negociação é fundamental ter um domínio relativamente grande quanto ao que se negocia, uma vez que, é a compra de milhares de produtos, com valores dos próprios, que está a ser discutida.

Para o desenvolvimento de políticas de negociação enquadradas com a importância dos itens, a matriz de posicionamento de compras surge como apoio ao negociador na sua argumentação (Figura 2).

RISCO	PARTICIPAÇÃO NOS CUSTOS	ESTRATÉGIA DE COMPRAS	PREOCUPAÇÃO FUNDAMENTAL
BAIXO	BAIXA	COMPRAS TÁTICAS	. MINIMIZAR A ATENÇÃO. . REDUZIR O TEMPO NECESSÁRIO PARA COMPRAR. . AUTOMATIZAR AS COMPRAS. . REDUZIR OUTROS CUSTOS ASSOCIADOS A COMPRAS COMO CONTAS A PAGAR, QUALIDADE ETC.
BAIXO	ALTO	LUCRO TÁTICO	. CONHECER TODAS AS ALTERNATIVAS DE MERCADO. . REALIZAR CONCORRÊNCIA PARA REDUÇÃO DE CUSTOS. . PROCURAR FORNECEDORES ALTERNATIVOS.
ALTO	BAIXA	SEGURANÇA ESTRATÉGICA	. GARANTIR O SUPRIMENTO. . ACEITAR PAGAR PREÇO DIFERENCIADO. . AVALIAR NOVAS ALTERNATIVAS TECNOLÓGICAS
ALTO	ALTO	CRÍTICOS ESTRATÉGICOS	. ACOMPANHAR PERMANENTEMENTE OS ITENS. . DESENVOLVER NOVOS FORNECEDORES. . GERAR SISTEMAS DE ACOMPANHAMENTO DE PREÇOS. . NEGOCIAR, NEGOCIAR, NEGOCIAR.

Figura 2 : Matriz de posicionamento em compras

Analisando a matriz da Figura 2, observa-se que os ganhos mais significativos dizem respeito aos itens agrupados nas categorias: lucro táctico; crítico estratégico.

Os riscos relacionados com o fornecimento são elaborados mediante a seleção e escolha dos fornecedores mencionados anteriormente.

Outro fator a considerar refere-se à relação existente entre a oferta e a procura. Para tal, torna-se necessária uma avaliação da procura de uma empresa relativa ao mercado total. Sendo assim, é também importante uma análise referente à relação entre o fornecedor e a produção total do mercado.

Um dos problemas inerentes a este processo prende-se com a hipótese da empresa em causa ter uma fraca participação nas vendas do fornecedor. Este fator condiciona o poder de argumentação na negociação. Como contrabalanço poderá surgir uma forte competição entre fornecedores para os mesmos itens.

estoque

Para uma melhor compreensão sobre os estoques consideram-se dois fatores: quanto maior for o estoque numa empresa maior é a quantidade de capital imobilizado e nunca deve faltar produto para venda. Quando o objectivo das empresas passa por garantir o menor volume de [[estoque] possível, correm muitas vezes o risco de perder vendas por falta de produtos. Para mais, consoante o negócio em causa, salientam-se ainda a sazonalidade envolvida e o

facto de que produtos diferentes possuem médias de entrada e saída diferentes.

Com o intuito de garantir o equilíbrio nestes dois aspectos, as empresas devem ter a capacidade de reunir o máximo de informação possível. Os históricos de vendas por produto e por ano são dois exemplos que se devem ter em consideração. Para a minimização de estoques, deve-se ter ainda ponderação quanto aos prazos de entrega dos fornecedores, isto é, quanto menores forem os prazos menores serão os estoques.

Controle de compras e estoques.

Para a optimização dos volumes de compras o planejamento de estoques surge como elemento essencial devido à ligação que efetua com a produção e as vendas.

Para o desenvolvimento desta atividade devem de se ter em conta os seguintes critérios:

- Atualizar constantemente o custo de cada produto;
- Determinar os períodos de compra e dos tamanhos dos lotes de cada produto para cada fornecedor;
- Estabelecer o estoque de segurança, mínimo e máximo para cada produto;
- Planejar constantemente as quantidades de estoque, baseadas em previsões de vendas;
- Controlar a disponibilidade do estoque para eventuais faltas repentinas;
- Comparar o custo de cada produto com o custo de o colocar em estoque;

- Controlar o estoque físico diariamente;
- Realizar inventários periódicos com a finalidade de se compararem com os dados de controlo de estoque;
- Colocar o estoque num local estratégico;
- Identificar, ordenar e etiquetar os produtos;
- Codificar os produtos para uma consulta mais rápida;
- Atualizar os sistemas de informação para obter acessos e consultas rápidas de quantidades disponíveis de cada produto em estoque.

Importância do estoque de segurança

O stock de segurança deriva de incertezas como atrasos de reabastecimento de stocks, rendimentos de produção abaixo das expectativas, desvios na previsão de vendas, entre outros. O dimensionamento ideal para este tipo de stock é a componente mais difícil de obter. Por um lado, o excesso de stock origina custos de manutenção, financeiros (capital imobilizado) e de armazenagem. E, por outro lado, o défict de stock origina perdas de vendas (devido a rupturas de stock) e preterição de pedidos (*backorders*), que levam a um nível de serviço insatisfatório para o cliente. Como tal, a principal questão relativa ao dimensionamento de stocks de segurança passa pela determinação do stock mínimo, que irá garantir o nível de serviço ao cliente, pretendido pelas empresas.

Os custos de manutenção de stocks ou de vendas perdidas são, normalmente, ignorados por não serem registrados na contabilidade das empresas. É recorrente a falta de informação, por parte das empresas, sobre os custos de excesso ou de falta de stock num determinado período da operação. Para avaliar a situação de stock é necessário uma análise destes custos de maneira a que o seu desconhecimento não provoque outros custos desnecessários.

Outro factor a ter em conta para um correto dimensionamento de stock de segurança, é a utilização da meta de vendas para as empresas que a utilizam como previsão da procura. A sobrevalorização da meta, em relação à procura real ou provável, implica um acréscimo de stock ao mínimo necessário.

Algumas empresas utilizam outro tipo de processos para a formação de stock de segurança. A utilização de uma percentagem da procura para o *lead time* é um exemplo disso. Neste processo a empresa atribui, por exemplo, 50% da procura no *lead time* para a formação de stock de segurança. Deste modo, se a empresa tiver uma expectação de venda de 100 unidades de um determinado produto durante o *lead time*, 50 unidades desse produto serão mantidas em stock para eventuais variabilidades da expectativa inicial.

Por vezes, o sector de compras de uma empresa solicita os produtos com um certo tempo de antecedência devido a eventuais atrasos do(s) fornecedor(es) sem ter em consideração as estatísticas de atrasos dos mesmos. Este processo incorre num aumento desnecessário do *lead time* de compra, aumentando também o tempo de capital em stock.

Com o intuito de se reunir o máximo de informação possível para a definição de stocks, é necessário analisar todo o processo logístico desde a requisição de um pedido até ao atendimento ao cliente. Após a análise, torna-se possível a definição de indicadores referentes às incertezas de todo o processo assim como a sua quantificação. Perante tal, é de extrema importância a elaboração de uma base de dados contendo séries históricas dos indicadores com informações sobre o seu comportamento ao longo do tempo.

Dimensionamento de stocks de segurança

A disponibilidade do acesso a informações referentes às incertezas torna possível o dimensionamento do estoque mínimo desejado para o nível de serviço ao cliente. Este dimensionamento tem por base o cálculo probabilístico referente, neste caso, a produtos em estoque que são necessários num dado período. A curva da distribuição normal (Figura 3) é uma das mais utilizadas neste tipo de cálculos pelo facto de possibilitar a determinação da probabilidade de ocorrência de um valor dentro de um certo intervalo, denominado por intervalo de confiança.

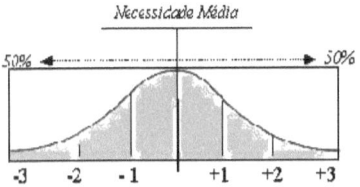

Figura 3 : Curva da distribuição normal

Sendo a curva da distribuição normal simétrica em relação à sua média, é dedutível que possam existir probabilidades idênticas para uma necessidade maior ou menor que a esperada.

É esta a abordagem probabilística que permite então o cálculo do estoque de segurança.

A formação do stock de segurança com base no modelo clássico

O modelo clássico baseia-se no dimensionamento de stock de segurança através da conjugação das variabilidades da procura e do *lead time*. Este modelo é conhecido como modelo de ponto de pedido por ser aberta uma requisição de um pedido assim que o nível de stock fica abaixo de um determinado valor, designado por ponto de reposição.

Durante o "lead time" a procura tem um valor esperado, calculado pelo produto entre o "lead time" médio e a procura média por unidade de tempo. Assim, o stock é formado com base nas possíveis variabilidades da procura durante o "lead time".

As Figuras 4 e 5 demonstram os efeitos de stock de segurança mediante as duas incertezas.

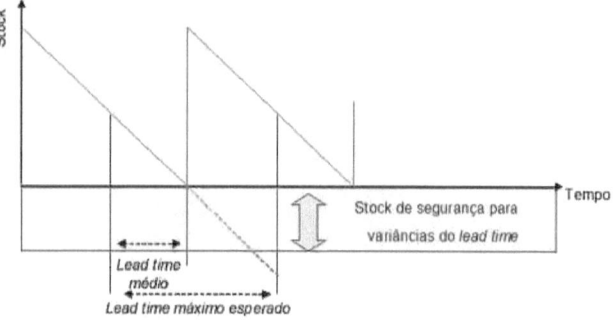

Figura 4 : Stock de segurança para variâncias do *lead time*

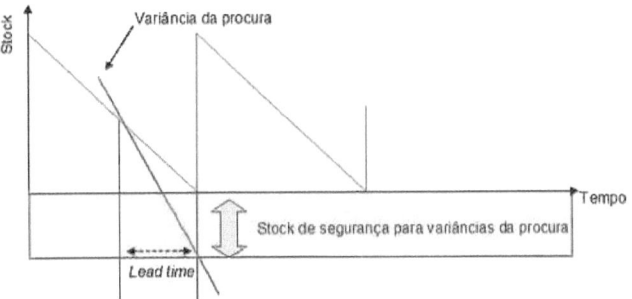

Figura 5 : Stock de segurança para variâncias da procura

Os gráficos das Figuras 4 e 5 demonstram o stock máximo que vai diminuindo ao longo do tempo até ao ponto de reposição. É neste ponto que a requisição do pedido é feita. Perante as duas incertezas inerentes ao processo, sendo estas o nível da procura e o lead time, o stock de segurança é determinado de acordo com dados históricos do nível de serviço ao cliente, das médias, dos desvios padrão da procura por unidade de tempo e do "lead time" de reposição.

A formação do stock de segurança em ambientes de planejamento

Os ambientes de planeamento baseiam-se no cálculo das necessidades de produtos através da previsão da procura. As vantagens deste tipo de ambientes prendem-se pela inclusão de variações da procura previstas, como são o caso das sazonalidades, tendências de crescimento, entre outros. Porém, as metodologias exigidas apresentam uma complexidade maior de analise para o correcto dimensionamento de stocks. Tomando como exemplo o MRP, por ser o sistema mais utilizado no planeamento de materiais, verifica-se uma base de cálculo baseada na necessidade líquida de um determinado produto num determinado período. Desta maneira, o sistema faz uma análise conjunta ao "lead time", à previsão da procura e ao stock de segurança com a quantidade já requisitada, retirando o seu somatório ao stock inicial. Se o resultado for negativo, é aberta uma requisição de pedido. O dimensionamento do stock de segurança pode ser então calculado de duas maneiras mediante o processo da empresa em causa. Tanto o dimensionamento baseado na variabilidade da procura no "lead time" quanto o baseado na variabilidade da necessidade líquida, possuem um stock de segurança dinâmico com flutuações mediantes as variações dos parâmetros.

Este tipo de stock apresenta grandes vantagens em relação ao stock fixo, como é demonstrado na Figura 6.

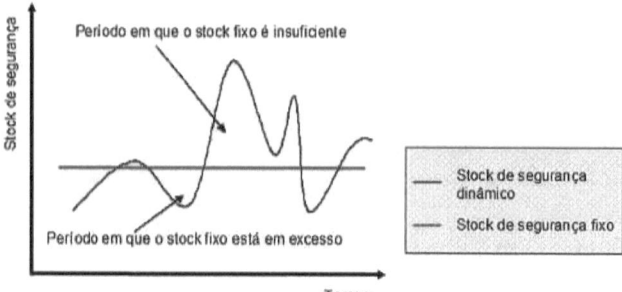

Figura 6 : Stock de segurança fixo Vs Stock de segurança dinâmico

O conhecimento e medição das incertezas inerentes aos processos logísticos de uma empresa, é então o principal factor para um bom dimensionamento de stocks de segurança, garantindo assim o nível de serviço desejado ao menor custo total.

Desenvolvimento tecnológico na área de compras

As secções de compras das empresas estão em evolução. A necessidade de ampliação foi devida à competitividade do mercado perante volumes e valores negociados.

Este impacto originou um maior destaque das áreas de compras das empresas que, por sua vez, passaram a participar cada vez mais na gestão dos serviços para os clientes. Partindo deste cenário, ao invés de se verificarem aumentos dos lucros causados por aumentos dos preços dos produtos, a causa principal foi a redução dos custos de aquisições. Assim, os departamentos de compras têm, nos tempos correntes, uma capacidade estratégica e de realização de objetivos globais nas empresas. As prioridades competitivas destes departamentos resumem-se às reduções de custos, às entregas dentro dos prazos, à qualidade de aquisições e ao desenvolvimento de planos de compras de acordo com a situação em que a empresa se encontra. Sabendo que a definição do preço dos produtos é, hoje em dia, definida pelo mercado, os profissionais desta área têm como principal objetivo comprar a baixo custo.

Partindo do potencial inerente a este departamento, nos sectores de estratégia e planeamento, surge uma nova abordagem de mercado onde as empresas terão que se adaptar para manter a competitividade. Nesta nova abordagem é exigida uma integração dos departamentos de compras com outros departamentos, e uma modificação nas tarefas típicas dos profissionais das áreas de compras, deixando o objetivo único de compradores profissionais para serem analistas e negociadores, num negócio mais amplo. Como tal, estes mesmos profissionais passam a ser mais valorizados no mercado de trabalho.

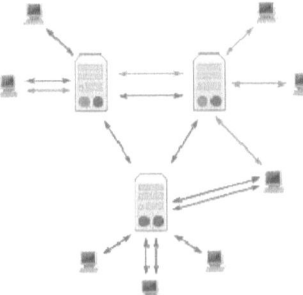

Figura 7 : Evolução da comunicação

Esta evolução profissional é acompanhada por outra (Figura 7), ao nível dos serviços de comércio eletrônico, que capacita as empresas de melhores estratégias de compras, optimizações de processos, fortalecimentos do relacionamento com os fornecedores e de reduções de custos. Esta evolução tem um impacto de tal maneira significativo ao nível do mercado, que as empresas investem cada vez mais em soluções conhecidas como SRM (Supplier Relationship Management), gestão do relacionamento com os fornecedores, promovendo desta forma a automação dos processos de compras.

Com o aumento da procura na gestão do processo de compras, as empresas tendem a distribuir as responsabilidades para outros serviços como o outsourcing. Este tipo de serviço é vantajoso porque permite uma maior disponibilidade de tempo às empresas para outro tipo de atividades.

Contudo, a eficácia do processo de compras não depende apenas da automação. É necessário um controle para a forma como o processo é conduzido, passando assim a área de compras a integrar o processo de logística e a fazer parte da cadeia de abastecimentos.

Lei 13.303/2016 (artigos 28 ao 91)

A Lei n. 13.303/2016 versa sobre o estatuto jurídico das estatais e é dividida em dois grandes grupos de normas, o primeiro dedicado à governança (artigos 1º a 27) e o segundo às licitações e aos contratos (artigos 28 a 90). A Lei n. 13.303/2016 é vigente desde sua publicação (artigo 97), porém as estatais gozam do prazo de 24 (vinte e quatro) meses para se adaptarem e, por conseguinte, para passarem a aplicar suas disposições (artigo 91).

Esse prazo de 24 (vinte e quatro) meses deve ser visto como prazo máximo. Isso significa que as estatais podem se adaptar desde logo, como lhes for conveniente, e, uma vez adaptadas, submeterem-se de imediato à Lei n. 13.303/2016. Como percebido por LUCIANO FERRAZ, "de acordo com a realidade de cada empresa, poder-se-ia cogitar do encurtamento do período de transição prescrito pelo legislador para fins de aplicação imediata da regras da vigente Lei nº 13.303/16." (FERRAZ, Luciano. *Lei da Estatais e seu período de transição: estudo de caso em MG*. www.conjur.com.br, publicado em 17/10/2016)

O prazo dado para adaptação está intimamente conectado ao prescrito no artigo 40 da Lei n. 13.303/2016, cujo teor exige das estatais a produção de um regulamento de licitações e contratos de espectro abrangente e audacioso. Ora, o período de adaptação é direcionado para a construção de entendimentos sobre a nova sistemática da Lei n. 13.303/2016 e, nesse passo, à definição de procedimentos internos com eles compatíveis. É natural que os entendimentos firmados e os procedimentos internos construídos a partir deles sejam refletidos no regulamento, para que os colaboradores das estatais tenham amplo conhecimento a respeito deles. Noutro lado, como o regulamento é uma obrigação e não mera faculdade, sua produção desvela uma das etapas, talvez a derradeira, da adaptação das estatais. Nesse sentido, a estatal somente estará adaptada em relação às normas de licitações e contratos quando tiver concluído o seu respectivo regulamento.

No Brasil, sem querer generalizar, há o péssimo hábito de produzir regulamentos que se limitam a repetir o que já está prescrito nas leis que lhe são objetos. Tais regulamentos são, naquilo que repetem as leis, imprestáveis, não se antevê qualquer serventia em prescrever o que já está prescrito. Os regulamentos devem avançar, porém também não podem inovar a ordem jurídica e, muito menos, contrariar as disposições legais, sob pena de violação ao princípio da legalidade (inciso II do artigo 5º e *caput* do artigo 37 da

Constituição Federal). Daí que, por um prisma, não devem apenas repetir a Lei e, por outro, não podem contrariá-la nem inovar a ordem jurídica.

O artigo 40 da Lei n. 13.303/2016 prescreve que o regulamento deve tratar, especialmente, de I - glossário de expressões técnicas; II - cadastro de fornecedores; III - minutas-padrão de editais e contratos; IV - procedimentos de licitação e contratação direta; V - tramitação de recursos; VI - formalização de contratos; VII - gestão e fiscalização de contratos; VIII - aplicação de penalidades; IX - recebimento do objeto do contrato.

Da leitura dos incisos do artigo 40 da Lei n. 13.303/2016 percebe-se que a principal função do regulamento é de estabelecer os procedimentos que serão adotados pelas estatais nas licitações e contratos e, dentro desse propósito, detalhar os aspectos que devem ser considerados para a tomada de decisões diante das inovações da Lei n. 13.303/2016. Assim, o regulamento deve conferir norte mais seguro aos colaboradores das estatais, para que eles se sintam confortáveis e consigam assimilar as novidades da Lei n. 13.303/2016.

Na mesma toada, procedimentos bem definidos e claros devem contribuir para a legitimidade e para a melhora da qualidade das decisões das estatais, o que é acentuado pela doutrina. A título ilustrativo, JULI PONCE SOLÉ destaca que "el procedimiento administrativo se configura [...] como un factor, por tanto, de potenciación de las posibilidades de obtención de decisiones administrativas de calidad y, en definitiva, como un elemento de legitimación de las Administraciones Públicas"(SOLÉ, Juli Ponce. *Deber de buena Administración y Derecho al Procedimiento Administrativo Debido*: Las bases constitucionales del procedimiento administrativo y del ejercicio de la discrecionalidad. Valladolid: Editorial Lex Nova, 2001. p. 127).

A Lei n. 13.303/2016 traz muitas novidades, institui nova sistemática, mais moderna e menos burocrática do que a sistemática tradicional fundada na Lei n. 8.666/1993, em que se ampliam consideravelmente os espaços de competências discricionárias dos colaboradores das estatais. Pode-se dizer que a Lei n. 13.303/2016 confia nos colaboradores das estatais, prefere decisões particularizadas, que levem em consideração as especificidades de cada caso, a soluções abstratas e dadas de antemão. Isso é muito positivo, tende a conferir mais flexibilidade e propiciar ganhos de eficiência, porém também exige mais responsabilidade dos colaboradores das estatais, cujas decisões, em exercício de competências discricionárias, serão mais frequentes e com repercussões de maior monta.

Trato, para exemplificar, de algumas situações previstas na Lei n. 13.303/2016.

Uma das principais novidades da Lei n. 13.303/2016 é o regime de contratação semi-integrada. Nele o edital deve ser acompanhado de projeto básico, porém com a permissão de que ele seja alterado pelos licitantes. O inciso IV do § 1º do artigo 42 da Lei n. 13.303/2016 prevê que, "na contratação semi-integrada, o projeto básico poderá ser alterado, desde que demonstrada a superioridade das inovações em termos de redução de custos, de aumento da qualidade, de redução do prazo de execução e de facilidade de manutenção ou operação". O § 4º do mesmo artigo prescreve que a contratação semi-integrada deve ser a regra e que a não utilização dela depende de justificativas.

O regulamento será fundamental em relação à contratação semi-integrada. Deve definir, dentre outros aspectos, quem deve justificar e quais as justificativas admissíveis para a não utilização da contratação semi-integrada, quem deve e como deve definir as partes dos projetos básicos que podem ser alteradas pelos licitantes e como as alterações propostas devem ser avaliadas no tocante à redução de custos, aumento de qualidade, redução de prazo e facilidade de manutenção ou operação. Tudo isso parece fundamental, não está na Lei n. 13.303/2016 e, por corolário, deve ser enfrentado diretamente pelo regulamento, de modo que os colaboradores das estatais sintam-se confortáveis para tomar as decisões que lhe são exigidas.

Outra situação é a das oportunidades de negócio das estatais, consórcios, parcerias, sociedades de propósitos específicos, compra de ativos e outras operações muito usuais, por exemplo, no setor energético. O § 3º do artigo 28 da Lei n. 13.303/2016 prescreve que em relação às oportunidades de negócio as estatais não se sujeitam às normas prescritas na Lei sobre licitações e contratos. Muito bem, diante disso, dentre outros aspectos, caberia ao regulamento detalhar melhor o que seriam oportunidades de negócio; quais as instâncias que deveriam avaliá-las; como e com que informações a vantajosidade delas deveriam ser justificadas; que tipo de avaliação econômico-financeira deve ser realizada; como escolher o parceiro, inclusive se é obrigatório chamamento público; se fosse o caso, quais seriam os parâmetros e critérios do chamamento público.

Enfim, quase todas as normas e exigências da Lei n. 13.303/2016 podem ser enquadradas num procedimento a ser definido no regulamento. Trouxe dois casos, mas há vários outros, dentre os quais, pode-se mencionar: (i) procedimentos, exigências e instâncias competentes para contratação direta (artigos 29 e 30), (ii) critérios para avaliar o ciclo de vida do objeto licitado e os seus custos indiretos (artigo 31 e inciso II do artigo 32); (iii) critérios para decidir sobre o parcelamento do objeto da licitação (artigo inciso III do artigo 32); (iv) padrões para conciliar as normas da Lei n. 10.520/2002 e as da Lei n. 13.303/2016 quando da realização da modalidade pregão; (v) procedimentos para obter o valor estimado dos contratos (artigo 34); (vi) procedimentos e critérios para realizar a pré-qualificação (artigo 36), (vii) justificativas e instâncias para escolher os regimes de contratação (artigo 42); (viii) balizas para exigir marcas, amostras e solicitar certificação (artigo 47); (ix) critérios para escolher e conduzir as disputas nos modos aberto, fechado ou combiná-los (artigo 52); (x) procedimentos para tratar e justificar a desclassificação de propostas, inclusive em razão de inexequibilidade (artigo 56); (xi) critérios para definir os documentos de habilitação (artigo 58); (x) critérios para utilizar o registro de preços; (xi) procedimentos para formalização, execução, inclusive fiscalização e gestão, recebimentos, pagamentos, aditivos e prorrogações contratuais (artigo 68 e seguintes); (xii) procedimentos e critérios para rescisão e aplicação de sanções administrativas (artigo 82).

Além de tudo isso, o inciso III do artigo 40 da Lei n. 13.303/2016 exige que o regulamento se faça acompanhar de minutas-padrão de editais e contratos. A ideia é ótima, contribui para a celeridade e para a governança das estatais. O tempo dos colaboradores das estatais será otimizado com tais padrões, que também se alinham ao intento de dar conforto e segurança para a tomada de decisões.

Um dos principais ou talvez o principal problema em licitações e contratos atualmente diz respeito à segurança jurídica ou, na verdade, à falta dela. Os agentes administrativos sentem-se inseguros para tomarem as decisões em prol da Administração, receiam ser questionados e responsabilizados, mesmo que atuem de boa-fé e diante de competências discricionárias ou diante de questões jurídicas controvertidas.

Essa sensação de insegurança faz com que decisões não sejam tomadas ou que sejam postergadas, causando prejuízos de toda sorte para a Administração e, dentro dela, também para as estatais. Da mesma forma, a sensação de insegurança desestimula a criatividade e a inovação por parte dos agentes administrativos. É mais fácil repetir práticas velhas, ainda que o resultado não seja satisfatório. No final das contas, a Administração não se moderniza nem evolui, não oferece as respostas que se espera dela e no tempo que se espera dela.

Essa sensação de insegurança também afeta os licitantes e contratados, que não confiam na Administração. Em muitos casos, consideram que os riscos relativos à contratação pública são elevados, o que prejudica e encarece suas propostas e, por conseguinte, a própria Administração. A insegurança jurídica é precificada pelo mercado.

O regulamento das estatais pode contribuir decisivamente para melhorar o ambiente de licitações públicas e contratos instituídos pela Lei n. 13.303/2016, especialmente para conferir mais segurança jurídica aos seus *stakeholders*. Com procedimentos, critérios e parâmetros bem definidos, é razoável estimar que os colaboradores das estatais sintam-se mais confortáveis, mais seguros e estimulados a encarar de frente os desafios e as novidades da Lei n. 13.303/2016, tomando decisões libertas do velho regime excessivamente burocrático baseado na Lei n. 8.666/1993.

Vários são os modos através dos quais um determinado ramo do Direito pode evoluir. Destacam-se, neste sentido, a evolução científica, que emerge normalmente da academia e da doutrina, a evolução jurisprudencial, decorrente do papel interpretativo próprio do Poder Judiciário e dos Tribunais Administrativos, e, por fim, a evolução normativa, a qual resulta do surgimento de novas regras jurídicas. O Direito Administrativo, sobretudo a partir da promulgação da Constituição Federal de 1988, vem experimentando significativa evolução em todas as referidas searas.

No plano da evolução normativa, há de merecer o devido destaque o surgimento da Lei 13.303/2016, a qual, conforme seu art. 1º, "dispõe sobre o estatuto jurídico da empresa pública, da sociedade de economia mista e de suas subsidiárias, abrangendo toda e qualquer empresa pública e sociedade de economia mista da União, dos Estados, do Distrito Federal e dos Municípios que explore atividade econômica de produção ou comercialização de bens ou de prestação de serviços, ainda que a atividade econômica esteja sujeita ao regime de monopólio da União ou seja de prestação de serviços públicos". Trata-se, como já vem sendo denominada tal lei, do Estatuto das Estatais, a qual encontra fundamento de validade constitucional no art. 173, § 1º, da CF/88.

Além de se incumbir de aspectos conceituais, como quando define empresa pública (art. 3º) e sociedade de economia mista (art. 4º), as quais, juntamente com suas subsidiárias, desempenham a exploração de atividades econômica pelo Estado (art. 2º) e de questões societárias e de governança (art. 5º a art. 26), como as que estabelecem requisitos legais para as funções de membros de Conselho de Administração e de diretor, inclusive com vedações que buscam a profissionalização – e não a politização – de seus quadros (art. 17), e da função social das empresas públicas e sociedades de economia mista (art. 27), o Estatuto das Estatais (Lei 13.303/2016) traz ao ordenamento jurídico brasileiro normas voltadas à regulamentação das licitações e contratações pelas empresas do Estado.

Em comparação com o regime jurídico contido na Lei Geral de Licitações (Lei 8.666/1993), aplicável à Administração Pública Direta, autárquica e fundacional, o Estatuto das empresas públicas, sociedades de economia mista e suas subsidiárias (Lei 13.303/2016) contém peculiaridades que merece destaque. Este é o objeto deste breve ensaio.

Inicialmente, no tocante à regra geral do dever de licitar, concretizando o art. 37, XXI, da CF, o art. 28 da Lei 13.303/2016 estabelece que "os contratos com terceiros destinados à prestação de serviços às empresas públicas e às sociedades de economia mista, inclusive de engenharia e de publicidade, à aquisição e à locação de bens, à alienação de bens e ativos integrantes do respectivo patrimônio ou à execução de obras a serem integradas a esse patrimônio, bem como à implementação de ônus real sobre tais bens, serão precedidos de licitação nos termos desta Lei", ressalvando-se os casos de dispensa (art. 29 da Lei 13.303/2016) e de contratação direta (art. 30 da Lei 13.303/2016). É de ser destacado, ademais, que, nos termos do art. 28, § 1º, da Lei 13.303/2006, se aplicam às licitações das empresas públicas e das sociedades de economia mista as regras de privilégio destinadas às microempresas e empresas de pequeno porte, tal como previsto nos arts. 42 a 49 da LC 123/2006.

A Lei 13.303/2016, estabelece que as empresas públicas e as sociedades de economia mista são dispensadas da observância dos dispositivos legais que versam sobre licitações nos casos de "comercialização, prestação ou execução, de forma direta, pelas empresas mencionadas no caput, de produtos, serviços ou obras especificamente relacionados com seus respectivos objetos sociais" (art. 28, § 3º, I da Lei 13.303/2016) e "nos casos em que a escolha do parceiro esteja associada a suas características particulares, vinculada a oportunidades de negócio definidas e específicas, justificada a inviabilidade de procedimento competitivo" (art. 28, § 3º, II da Lei 13.303/2016). Ou seja, as empresas públicas, sociedades de economia mista e suas subsidiárias obviamente não estarão obrigadas a licitar precedentemente aos seus contratos-fim, ou seja, aqueles que decorrem da atividade econômica para a qual foram criadas.

Demais disso, a Lei 13.303/2016 contém tratamento bastante peculiar quanto às hipóteses em que as empresas estatais podem celebrar seus contratos independentemente de prévio processo licitatório.

O art. 29 da Lei 13.303/2016 versa sobre os casos de dispensa de licitação, em hipóteses diversas, embora assemelhadas, se comparados com aqueles previstos no art. 24 da Lei 8.666/1993. Veja-se, por exemplo, que os casos de dispensa por limite de valor (art. 29, I e II da Lei 13.303/2016) contém valores maiores do que aqueles aplicáveis às demais entidades da Administração Pública. Aliás, justamente por tal motivo, não mais se aplicam às empresas públicas e às sociedades de economia mista o disposto no art. 24, § 1º da Lei 8.666/1993. Demais disso, os valores para a dispensa de licitação aplicáveis às empresas públicas, sociedades de economia mista e suas subsidiárias (R$ 100.000,00 para obras e serviços de engenharia e R$ 50.000,00 para outros serviços e compras, nos termos dos incisos I e II, do art. 29 da Lei 13.303/2016, respectivamente), poderão ser alterados, nos termos do art. 29, § 3º da Lei 13.303/2016 "para refletir a variação de custos, por deliberação do Conselho de Administração da empresa pública ou sociedade de economia mista, admitindo-se valores diferenciados para cada sociedade".

Já o art. 30 da Lei 13.303/2016 trata dos casos de contratação direta, a qual decorre de casos em que há inviabilidade de competição. Trata-se, pois, de instituto assimilável aos casos de inexigibilidade de licitação previsto no art. 25 da Lei 8.666/1993.

As finalidades e os princípios incidentes aos processos licitatórios realizados pelas empresas públicas, sociedades de economia mista e suas subsidiárias encontram-se previstos no art. 31 da Lei 13.303/2016, em face do qual "as licitações realizadas e os contratos celebrados por empresas públicas e sociedades de economia mista destinam-se a assegurar a seleção da proposta mais vantajosa, inclusive no que se refere ao ciclo de vida do objeto, e a evitar operações em que se caracterize 'sobrepreço' ou superfaturamento, devendo observar os princípios da impessoalidade, da moralidade, da igualdade, da publicidade, da eficiência, da probidade administrativa, da economicidade, do desenvolvimento nacional sustentável, da vinculação ao instrumento convocatório, da obtenção de competitividade e do julgamento objetivo".

Demais das finalidades expressas na Lei 13.303/2016, o art. 32 dispõe que as licitações e contratos das empresas públicas, sociedades de economia mista e suas subsidiárias observarão as seguintes diretrizes: padronização do objeto da contratação, dos instrumentos convocatórios e das minutas de contratos, de acordo com normas internas específicas; busca da maior vantagem competitiva para a empresa pública ou sociedade de economia mista, considerando custos e benefícios, diretos e indiretos, de natureza econômica, social ou ambiental, inclusive os relativos à manutenção, ao desfazimento de bens e resíduos, ao índice de depreciação econômica e a outros fatores de igual relevância; parcelamento do objeto, visando a ampliar a participação de licitantes, sem perda de economia de escala, e desde que não atinja valores inferiores aos limites estabelecidos no art. 29, incisos I e II; e adoção preferencial da modalidade de licitação denominada pregão, instituída pela Lei no 10.520, de 17 de julho de 2002, para a aquisição de bens e serviços comuns, assim considerados aqueles cujos padrões de desempenho e qualidade possam ser objetivamente definidos pelo edital, por meio de especificações usuais no mercado; observação da política de integridade nas transações com partes interessadas.

O art. 32, § 1, da Lei 13.303/2016 legitima elogiável preocupação com a noção jurídica de sustentabilidade, porquanto determina que as empresas estatais devem respeitar, especialmente, as normas relativas à: disposição final ambientalmente adequada dos resíduos sólidos gerados pelas obras contratadas; mitigação dos danos ambientais por meio de medidas condicionantes e de compensação ambiental, que serão definidas no procedimento de licenciamento ambiental; utilização de produtos, equipamentos e serviços que, comprovadamente, reduzam o consumo de energia e de recursos naturais; avaliação de impactos de vizinhança, na forma da legislação urbanística; proteção do patrimônio cultural, histórico, arqueológico e imaterial, inclusive por meio da avaliação do impacto direto ou indireto causado por investimentos realizados por empresas públicas e sociedades de economia mista; e acessibilidade para pessoas com deficiência ou com mobilidade reduzida.

Merece destaque também a adoção de sistemática similar àquela prevista no art. 6º, § 3º, da Lei 12.462/2011, do RDC, pela qual "o valor estimado do contrato a ser celebrado pela empresa pública ou pela sociedade de economia mista será sigiloso, facultando-se à contratante, mediante justificação na fase de preparação prevista no inciso I do art. 51 desta Lei, conferir publicidade ao valor estimado do objeto da licitação, sem prejuízo da divulgação do detalhamento dos quantitativos e das demais informações necessárias para a elaboração das propostas".

Quanto ao procedimento licitatório, destaca-se o disposto no art. 51 da Lei 13.303/2016, o qual contempla as seguintes fases: preparação; divulgação; apresentação de lances ou propostas, conforme o modo de disputa adotado; julgamento; verificação de efetividade dos lances ou propostas; negociação; habilitação; interposição de recursos; adjudicação do objeto; e homologação do resultado ou revogação do procedimento.

Ademais, os atos e procedimentos decorrentes das fases enumeradas no art. 51 da Lei 13.303/2016, praticados por "empresas públicas, por sociedades de economia mista e por licitantes serão efetivados preferencialmente por meio eletrônico, nos termos definidos pelo instrumento convocatório, devendo os avisos contendo os resumos dos editais das licitações e contratos abrangidos por esta Lei ser previamente publicados no Diário Oficial da União, do Estado ou do Município e na internet" (art. 51, § 2º da Lei 13.303/2016).

Lembre-se que o art. 91, § 3º, da Lei 13.303/2016 prevê que "permanecem regidos pela legislação anterior procedimentos licitatórios e contratos iniciados ou celebrados até o final do prazo" de "24 (vinte e quatro) meses, promover as adaptações necessárias à adequação ao disposto nesta Lei" (art. 91, *caput*). Tal regra de transição, embora elogiável por servir de instrumento de segurança jurídica, já provoca severas dúvidas de interpretação que somente com o tempo serão sanadas.

Com estas breves considerações, espera-se ter se despertado a atenção para o fato de que as licitações a serem promovidas pelas empresas públicas, sociedades de economia mista e suas subsidiárias passaram a ser regradas por novo Diploma Legal e não mais pela Lei 8.666/93.

Gestão de Contratos

São muitos os fatores que determinam a performance financeira e operacional de uma empresa. Podemos citar alguns como controle patrimonial, capital de giro, lucratividade sobre as vendas, margem de contribuição, ponto de equilíbrio e por aí vai. Poderíamos fazer uma lista imensa, mas existe um item que talvez passe despercebido por você, ou que só chame sua atenção na hora do sufoco, quando um prazo for perdido: a **Gestão de Contratos**.

Não entendeu? Para resumir (você saberá mais neste artigo), com a **Administração de Contratos é possível minimizar riscos, analisar e identificar tendências ou problemas futuros**. Como sabemos que sua rotina é super corrida, entendemos que você não tenha na ponta da língua as datas de vencimentos e renovações de todos os contratos empresariais. Mas não se preocupe, vamos te ajudar nesse desafio.

Pense na gestão de contratos administrativos ou de fornecedores. Sem um correto controle dos documentos contratuais a empresa poderá esquecer de renovar com algum cliente (o que poderá ocasionar furos no previsto x realizado) ou pode pagar um fornecedor na data errada, correndo o risco de multas (aí entra o controle de vencimento de contratos).

Isso é apenas para mostrar alguns exemplos sobre a importância de se fazer o **Controle de Contratos Empresariais**. Justamente por ser um assunto tão relevante é que dedicamos um artigo inteirinho sobre a **Gestão de Contratos**.

O que você vai encontrar neste artigo:

- Primeiro: por que a Gestão de Contratos é importante?
- E o que é Gestão de Contratos?

- O que faz um Gestor de Contratos?
- Gestão do Ciclo de Vida de Contratos (CLM – Contract Lifecycle Management)
- Como gerir contratos empresariais?
- O que faz uma Administração de Contratos de sucesso?
- Conclusão
- Artigos Relacionados

Primeiro: por que a Gestão de Contratos é importante?

Já sabemos que isso chegou a virar clichê, mas o fato é que empresas, sejam públicas ou privadas, enfrentam pressão crescente para reduzir custos e melhorar o desempenho financeiro e operacional. Como controller, você sabe que sua responsabilidade não termina com a elaboração do orçamento. Muito além disso, sua função também é a de monitorar as variações orçamentárias e investigar suas causas.

Tudo isso porque, mais uma vez, **o foco está na redução de custos** (e, claro, na boa relação entre planejamento estratégico e gestão orçamentária). Além disso, é preciso estar de olho em requisitos regulamentares e aí entramos na esfera dos contratos.

O aumento dos volumes e complexidade dos documentos contratuais fizeram vir à tona uma necessidade percebida no ambiente empresarial: o **gerenciamento efetivo de contratos**. Com a Gestão de Contratos cada vez mais minuciosa, muitos benefícios têm sido vistos:

- **O Controle de Contratos auxilia na gestão de obrigações de maneira efetiva.** Isso faz com que todas as partes envolvidas tenham benefícios em termos de estratégias e procedimentos empresariais; e
- **Com a Gestão de Contratos é possível monitorar e supervisionar adequadamente o cumprimento das obrigações contratuais.**

Na prática, o que acontece é que muitas empresas, ao não controlarem o vencimento dos contratos, tendem a aceitar os preços e cláusulas impostas pelo fornecedor justamente pelo fato de não terem tido tempo hábil de fazer cotações com outras empresas, ou até mesmo pelo medo de ficarem desamparada, como é o caso do Seguro. Nota-se que organizações que fazem a Gestão de Contratos empresariais conseguem agir de forma mais estratégica (e disso entendemos bem) e ganhar na redução de custos, com o poder de negociação.

Não vamos nos alongar muito neste tópico porque no decorrer do texto você entenderá ainda mais claramente a importância do gerenciamento dos documentos contratuais. Antes de prosseguir com o tema, queremos frisar uma questão importantíssima (e que tem tudo a ver com o assunto).

Contratos influenciam diretamente no Planejamento Orçamentário, o qual deve estar alinhado ao Planejamento Estratégico. Isso porque o não cumprimento de uma obrigação contratual pode causar danos financeiros irremediáveis à organização. Então, como uma coisa liga à outra, queremos deixar uma dica para você deixar reservada assim que finalizar este artigo.

Desenvolvemos um e-book todinho voltado a auxiliar empresas a **criar o Planejamento Estratégico e montar um Orçamento Empresarial**. Para acessá-lo, clique no banner abaixo:

[E-BOOK]
Planejamento Estratégico e Orçamentário sem complicações

Treasy e Desk14, duas especialistas no assunto, juntas neste e-book com tudo que você precisa saber sobre Planejamento Estratégico e Gestão Orçamentária

Baixe Gratuitamente!

O e-book também apresenta dicas e mostra algumas das melhores práticas para garantir que as ações e metas planejadas sejam alcançadas. Tudo isso pensando também na Gestão de Contratos, a qual, feita corretamente, ajuda a manter o Orçamento Empresarial nos eixos.

E o que é Gestão de Contratos?

Vamos lá: muitas empresas entendem que o objetivo da **Gestão de Contratos** é o arquivamento do documento em um armário de depósito. A Administração de Contratos, como você deve imaginar, vai muito além e **acompanha de todo o ciclo de vida do documento: criação, execução e encerramento**. Para você entender melhor, é graças ao Gerenciamento de Contratos que tanto o contratado quanto o contratante recebem benefícios.

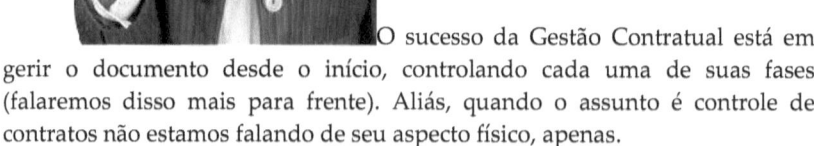

O sucesso da Gestão Contratual está em gerir o documento desde o início, controlando cada uma de suas fases (falaremos disso mais para frente). Aliás, quando o assunto é controle de contratos não estamos falando de seu aspecto físico, apenas.

Atualmente, especialmente os profissionais de controladoria sabem que precisam ligar os ciclos operacional e financeiro a um processo onde dados e informações se alimentem de forma automática e transparente. A Gestão de Contratos entra nesse pacote, já que garante que as informações mais atualizadas e relevantes estejam sempre disponíveis. Isso, por consequência, será uma verdadeira mão na roda na hora das tomadas de decisão.

Como você deve imaginar, gerir contratos é uma habilidade cada vez mais requisitada, pois quando falamos em relações comerciais todas (ou quase todas) iniciam-se por contratos. Em suma, a gestão dos documentos contratuais tem as seguintes funções:

- Cuidar do ciclo de vida de um contrato (falamos sobre isso mais adiante).
- Acompanhar o histórico do contrato, o que ajuda a prevenir gargalos e renegociações.
- Controlar os prazos de renovações. Isso é extremamente importante para o caixa da empresa, pois manter a carteira de clientes significa que o dinheiro continua a entrar. Ao ter o controle dos prazos contratuais, a empresa não perde o foco nas estratégias de renovações.
- Controle de vencimento de contratos.
- Identificar a necessidade de aditivos contratuais.
- Realizar a comunicação entre as partes.

Por ser um trabalho que exige um controle minucioso e envolve uma quantidade imensa de documentos, existe um profissional (pelo menos é assim que deveria ser) dedicado à Gestão de Contratos.

O que faz um Gestor de Contratos?

O profissional responsável pela Administração de Contratos deve, além de ter conhecimento pleno do contrato, trabalhar minuciosamente com o controle de vencimentos. Para isso, ele faz uso de uma planilha de gestão de contratos ou de softwares especiais para esse fim.

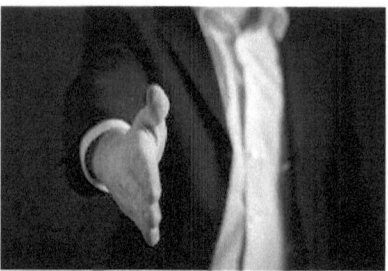

Para administrar os documentos, o Gestor de Contratos deve:

- Acompanhar todas as etapas do contrato, comparando o previsto com o realizado;
- Registrar todas as ações e eventos para fins de controle e auditoria;
- Detectar ocorrências e possibilidades de desvios. Caso necessário, é de sua responsabilidade solucionar ou corrigir o problema;
- Estar apto a comprovar o cumprimento de obrigações contratuais: notas fiscais, fotografias, atas, inventários, certificados etc.
- Apresentar prontamente relatórios gerenciais;
- Tomar providências e iniciativas de ajuste no contrato;
- Exigir que o contrato seja cumprido com qualidade, economia e minimização de riscos.
- Fazer análises críticas e propor melhorias, ou alterações, sempre que julgar necessário.

Como você deve imaginar, o Controle de Contratos não é algo simples. De modo geral, **os maiores desafios do Gestor de Contratos estão em respeitar prazos, conseguir descentralizar responsabilidades (muitas vezes tendo que integrar áreas), identificar riscos e ter sempre o histórico documental.**

Todo profissional que estiver envolvido da Gestão de Contratos deve lembrar que sua tarefa é, principalmente, **garantir que os objetivos contratuais sejam cumpridos. Em outras palavras, garantir a relação entre custo e benefício.**

Ter um profissional dedicado para fazer a gestão de contratos é mais comum em grandes empresas, que possuem uma estrutura organizacional maior. A realidade de boa parte das pequenas e médias empresas é o controller ou compras serem responsáveis por essas atividades, por isso vamos nos preparar para colocar a mão na massa.

Gestão do Ciclo de Vida de Contratos (CLM – Contract Lifecycle Management)

Indo direto ao ponto: **o processo de Gerenciamento do Ciclo de Vida do Contrato vai além de simplesmente criar e gerenciar contratos. Graças a ele é possível que organizações gerenciem melhor seus riscos e reduzam custos.**

Ao falar em Gerenciamento do Ciclo de Vida de Contratos Empresariais podemos tanto pensar em softwares para gestão de contratos ou planilhas. Os primeiros automatizam o processo e, por centralizarem as informações, têm o benefício de economizar tempo da equipe.

Mas caso sua empresa não use um sistema para fazer a gestão de documentos contratuais, não tem problema. Um controle por planilhas pode ser bastante útil, apesar de dar um pouquinho mais de trabalho.

Antes de mais nada, um contrato inicia com a **pré-contratação**. Esta é a fase em que algum departamento identificou a necessidade de contratar um serviço/produto/fornecedor. Na pré-contratação são definidos os requisitos técnicos do objeto do contrato. Além disso, são definidos os requisitos administrativos como: o que é necessário para autorizar a contratação, quais as exigências de certidões a serem entregues pelos fornecedores, entre outros.

Feito isso, é criado o rascunho do contrato (draft). Com o contrato elaborado, vem a fase de **contratação** (negociação e formalização). Nesta etapa as cláusulas são negociadas e ocorrem as alterações no documento.

Observe que é fundamental que todos os itens a serem cumpridos pelo contratado e pelo contratante sejam formalizados detalhadamente. É primordial que aspectos técnicos, financeiros e jurídicos estejam devidamente registrados no contrato.

Após todas as partes estarem de acordo com o contrato, o mesmo é assinado e inicia-se a fase de **pré-execução**, a qual ocorre de três maneiras:

- Execução técnica: são realizadas atividades iniciais para a execução do contrato. Por exemplo: contratação de funcionários, preparação de local, compra de matéria-prima etc.

- Execução administrativa: a gestão do contrato propriamente dito. É de responsabilidade do setor administrativo compilar e armazenar a documentação do processo contratual. Lembrando que o armazenamento deve ser feito com permissão de acesso aos gestores que podem consultar o documento e registrar ocorrências.

- Execução financeira: o setor financeiro recebe o fluxo de pagamentos. É importante que o departamento de finanças receba as informações corretas, pois elas influenciarão nos resultados econômicos e financeiros. Falamos sobre isso neste artigo, mas você pode aproveitar e salvar também a leitura do post Diferenças entre o Demonstrativo de Resultados do Exercício (DRE) e o Demonstrativo de Fluxo de Caixa (DFC).

Na pré-execução devem ser definidos também calendários de entregas, termos de aceite, vistorias e certidões. Em seguida, os departamentos envolvidos são notificados sobre o cronograma e a liberação para **execução**.

Assim começa a fase mais longa (da execução), pois além das entregas do objeto do contrato é na execução que as atividades administrativas de acompanhamento do documento são realizadas minuciosamente. Nesta fase são controlados os pagamentos, registram-se os aditivos, realizam-se prorrogações e/ou renovações e o encerramento.

O **encerramento**, última etapa, ocorre caso a data de vigência do contrato tenha expirado e não houve renovação. Observe que isso não significa arquivar o documento. Pelo contrário, essa é a hora de verificar se todos os eventos previstos foram realizados (incluindo recebimentos ou pagamentos).

Para resumir tudo o que foi dito aqui, a Gestão do Ciclo de Vida de Contratos tem as fases:

- Pré-contratação;
- Contratação;
- Pré-execução;
- Execução; e
- Encerramento.

Destacamos que cada fase é importante e é essencial que nenhum detalhe seja esquecido. As etapas do CLM podem variar de empresa para empresa, mas o que deve se levar em consideração é que as fases, após bem definidas, criam uma padronização. Com isso, sua empresa só tem a ganhar, afinal, a gestão dos contratos passa a ser realizada de maneira muito mais eficiente.

Como gerir contratos empresariais?

Como vimos, uma boa Gestão de Contratos trabalha detalhadamente com o planejamento e programação de atividades e eventos (como financeiros). Sabemos que a implementação de uma área específica para Administração de Contratos não é realidade em muitas organizações e isso acaba caindo nas mãos da área de planejamento e controladoria.

Falando sobre gestão de contratos de fornecedores ou suprimentos, por exemplo: são os profissionais de controladoria que, ao receberem uma demanda de contratação, devem analisar indicadores de resultados e orçamento empresarial para verificar se há a viabilidade desta contratação. Isso tudo para manter a sustentabilidade econômica da empresa (afinal, não adianta contratar fornecedores se o objetivo da empresa não será atingido).

Então, para gerenciar contratos, pense nos seguintes itens:

- **Serviços:** definição do tipo de serviço que será prestado.
- **Responsabilidades:** detalhamento das responsabilidades de cada parte. Inclua descrições de cargos e quem é responsável por produzir o que, e a quem eles estão gerenciando.
- **Prioridades:** este item é importante quando existe mais de uma entrega. Aqui é definido o que deve ser produzido/entregue primeiro.
- **Prazos:** definição de quando os serviços estarão disponíveis e quando a equipe estará disponível para trabalhar no projeto.

Lembre-se ainda que os arquivos de contrato devem conter:

- Uma cópia do contrato final, totalmente executado.
- Quaisquer documentos relacionados ao contrato. Caso hajam problemas de desempenho, por exemplo, tudo deve estar documentado.
- Alterações (incluindo ordens de mudança e ordens de trabalho) devem ser formalmente executadas de acordo com os termos do contrato e anexadas ao contrato.
- Qualquer extensão do acordo deve ser formalmente executada de acordo com os termos do contrato e anexado ao documento.

E para encerrar com chave de ouro, vamos responder à pergunta:

O que faz uma Administração de Contratos de sucesso?

Pense na gestão de contratos administrativos ou na gestão de contratos de fornecedores. Uma infinidade de documentos, não é mesmo? Agora imagine cada aspecto que deve ser observado (como controle de vencimento de contratos). Conforme vimos, a Gestão de Contratos possui diversas fases.

O primeiro ponto a se observar quando o assunto é como gerir documentos contratuais é a necessidade de ter uma **equipe de especialistas, liderada pelo**

Gestor de Contratos. O time de profissionais responsáveis pelo gerenciamento de contratos deve ter uma combinação de habilidades técnicas e empresariais.

Além disso, é necessário que os profissionais envolvidos tenham conhecimento de contratação, como o planejamento e a elaboração de contratos, e habilidades de negociação. Lembre-se que antes de mais nada os **contratos são feitos entre pessoas, portanto a capacidade de interagir e trabalhar com diferentes personalidades é importante.**

Dito isso, anote mais algumas dicas para um Controle de Contratos de sucesso:

- Pode parecer óbvio, mas nunca é demais falar: a Administração de Contratos precisa que todas as partes envolvidas tenham conhecimento minucioso do conteúdo contratual;
- Ter sempre em mãos (seja em planilhas ou com a ajuda de softwares) a programação e o planejamento de todas as atividades e eventos. Lembrando que todas as etapas devem estar bem detalhadas;
- Fiscalizar periodicamente se as cláusulas contratuais estão efetivamente sendo cumpridas;
- Implementar sistemas que monitorem prazos e vencimentos. Muitos softwares fazem isso, mas caso você opte por planilha para gestão de contrato, certifique-se de que esses dois itens sejam sempre monitorados. Isso evita gastos extras e pagamentos fora do prazo estipulado (afinal, o dinheiro tem que ficar no caixa da empresa o tempo que for preciso);
- Assegurar de que a empresa tenha recursos para realizar o que for acordado;

- Quando o contrato for arquivado, o responsável deve fazê-lo de modo que o documento possa ser facilmente acessado (especialmente para os casos de conflitos judiciais);
- Acompanhar de perto renovações e rescisões, cuidando sempre para que suspensões de contratos evitem danos financeiros à empresa, além de danos jurídicos, claro.

Conclusão

Pode ser gestão de contratos de fornecedores ou gestão de contratos administrativos. Não importa. **Seja qual for a natureza do documento contratual existe só uma lei que deve ser levada em consideração: a da minuciosa Gestão de Contratos.**

Com a correta Administração de Contratos (aqui entendemos por **Gestão do Ciclo de Vida de Contratos**) a empresa se torna mais apta a monitorar e supervisionar adequadamente o cumprimento das obrigações contratuais.

Como vimos, **uma boa Gestão de Contratos trabalha detalhadamente com o planejamento e programação de atividades e eventos (como financeiros) e muitas vezes cai nas mãos da área de planejamento e controladoria.** Dentre outras coisas, um gerenciamento de sucesso deve assegurar de que a empresa terá recursos para realizar o que for acordado.

Isso significa que sem um controle efetivo dos documentos contratuais corre-se o risco de fechar um acordo que não será nada rentável para o negócio, pois afetará negativamente o orçamento empresarial.

Aproveitando o gancho, se tem uma ferramenta de gestão que traz benefícios a qualquer negócio (além da Gestão de Contratos) ela se chama **Orçamento Empresarial**. Nossa pergunta é: como o orçamento da sua empresa é elaborado?

Para auxiliá-lo tanto a criar um orçamento empresarial quanto a tirar algumas ideias, elaboramos um guia gratuito que traz de forma prática e objetiva como elaborar um Orçamento Empresarial para sua empresa. Para acessar, é só clicar no banner:

Da próxima vez que um contrato cair na sua caixa de e-mail ou na sua mesa, lembre-se: **de alguma maneira ele vai impactar no Orçamento Empresarial, então, é melhor gerenciá-lo corretamente.**

Redação oficial: memorandos, comunicações internas e requerimentos

Para entendermos qual a finalidade, precisamos saber que Redação Oficial é o conjunto de normas e práticas que devem reger a emissão dos atos normativos e comunicações do poder público, entre seus diversos organismos ou nas relações dos órgãos públicos com as entidades e os cidadãos.

São *dois* universos distintos:

– a **forma** rege-se pelas ciências da linguagem (morfologia, sintaxe, semântica, estilística etc.);

– o **conteúdo** submete-se aos princípios jurídico-administrativos impostos à União, aos Estados e aos Municípios, nas esferas dos poderes Executivo, Legislativo e Judiciário.

Indicam-se, a seguir, alguns pressupostos de como devem ser redigidos os textos oficiais.

– *Padrão culto do idioma*

– *Impessoalidade e Objetividade*

– *Formalidade e Padronização*

– *Concisão e Clareza*

As Comunicações Oficiais

Obedecem a preceitos de objetividade, concisão, clareza, impessoalidade, formalidade, padronização e correção gramatical. Além dessas, há outras características comuns à comunicação oficial, como o emprego de pronomes de tratamento, o tipo de fecho (encerramento) de uma correspondência e a forma de identificação do signatário.

Segue um resumo dos tipos de comunicações. Fique ligado!

Aviso e Ofício (Comunicação Externa) – São modalidades de comunicação oficial praticamente idênticas. A única diferença entre eles é que o aviso é expedido exclusivamente por Ministros de Estado, para autoridades de mesma hierarquia, ao passo que o ofício é expedido para e pelas demais autoridades.

Memorando ou Comunicação Interna – O Memorando é a modalidade de comunicação entre unidades administrativas de um mesmo órgão, que podem estar hierarquicamente em mesmo nível ou em nível diferente. Trata-se, portanto, de uma forma de comunicação eminentemente interna.

Exposição de Motivos – É o expediente dirigido ao presidente da República ou ao vice-presidente para:

– informá-lo de determinado assunto;

– propor alguma medida; ou

– submeter a sua consideração projeto de ato normativo.

Mensagem – É o instrumento de comunicação oficial entre os Chefes dos Poderes Públicos, notadamente as mensagens enviadas pelo Chefe do Poder Executivo ao Poder Legislativo para informar sobre fato da Administração Pública; expor o plano de governo por ocasião da abertura de sessão legislativa; submeter ao Congresso Nacional matérias que dependem de deliberação de suas Casas; apresentar veto.

Telegrama – Com o fito de uniformizar a terminologia e simplificar os procedimentos burocráticos, passa a receber o título de telegrama toda comunicação oficial expedida por meio de telegrafia, telex etc. Deve restringir-se o uso do telegrama apenas àquelas situações que não seja possível o uso de correio eletrônico ou fax e que a urgência justifique sua utilização, esta forma de comunicação deve pautar-se pela concisão.

Fax – É utilizado para a transmissão de mensagens urgentes e para o envio antecipado de documentos, de cujo conhecimento há premência, quando não há condições de envio do documento por meio eletrônico. Quando necessário o original, ele segue posteriormente pela via e na forma de praxe.

Correio Eletrônico – O correio eletrônico ("e-mail"), por seu baixo custo e celeridade, transformou-se na principal forma de comunicação para transmissão de documentos.

Um dos atrativos de comunicação por correio eletrônico é sua flexibilidade. Assim, não interessa definir forma rígida para sua estrutura.

Apostila – É o aditamento que se faz a um documento com o objetivo de retificação, atualização, esclarecimento ou fixar vantagens, evitando-se assim a expedição de um novo título ou documento.

ATA – É o instrumento utilizado para o registro expositivo dos fatos e deliberações ocorridos em uma reunião, sessão ou assembleia.

Carta – É a forma de correspondência emitida por particular, ou autoridade com objetivo particular, não se confundindo com o memorando (correspondência interna) ou o ofício (correspondência externa), nos quais a autoridade que assina expressa uma opinião ou dá uma informação não sua, mas, sim, do órgão pelo qual responde.

Pausa para um café....

Continuando...

Declaração – É o documento em que se informa, sob responsabilidade, algo sobre pessoa ou acontecimento.

Despacho – É o pronunciamento de autoridade administrativa em petição que lhe é dirigida, ou ato relativo ao andamento do processo. Pode ter caráter decisório ou apenas de expediente.

Ordem de Serviço – É o instrumento que encerra orientações detalhadas e/ou pontuais para a execução de serviços por órgãos subordinados da Administração.

Parecer – É a opinião fundamentada, emitida em nome pessoal ou de órgão administrativo, sobre tema que lhe haja sido submetido para análise e competente pronunciamento. Visa fornecer subsídios para tomada de decisão.

Portaria – É o ato administrativo pelo qual a autoridade estabelece regras, baixa instruções para aplicação de leis ou trata da organização e do funcionamento de serviços dentro de sua esfera de competência.

Relatório – É o relato expositivo, detalhado ou não, do funcionamento de uma instituição, do exercício de atividades ou acerca do desenvolvimento de serviços específicos num determinado período.

Requerimento (Petição) – É o instrumento por meio do qual o interessado requer a uma autoridade administrativa um direito do qual se julga detentor.

Protocolo – O registro de protocolo (ou simplesmente "o protocolo") é o livro (ou, mais atualmente, o suporte informático) em que são transcritos progressivamente os documentos e os atos em entrada e em saída de um sujeito ou entidade (público ou privado).

Técnico de Administração e Controle Júnior

BLOCO 2

2 – LOGÍSTICA E CONTABILIDADE

Matemática Financeira: Descontos, Juros Simples, Juros Compostos e Porcentagem

Descontos:

A chamada operação de desconto normalmente é realizada quando se conhece o valor futuro de um título (valor nominal, valor de face ou valor de resgate) e se quer determinar o seu valor atual. O desconto deve ser entendido como a diferença entre o valor de resgate de um título e o seu valor presente na data da operação, ou seja: D = VF - VP, em que D representa o valor monetário do desconto, VF o seu valor futuro (valor assumido pelo título na data do seu vencimento) e VP o valor creditado ou pago ao seu titular. Assim como no caso dos juros, o valor do desconto também está associado a uma taxa e a determinado período de tempo.

Embora seja freqüente a confusão entre juros e descontos, trata-se de dois critérios distintos, claramente caracterizados. Assim, enquanto no cálculo dos juros a taxa referente ao período da operação incide sobre o capital inicial ou valor presente, no desconto à taxa do período incide sobre o seu montante ou valor futuro.

De maneira análoga aos juros, os descontos são também classificados em simples e composto, envolvendo cálculos lineares no caso do desconto simples e exponencial no caso do desconto composto.

O desconto é dividido em:

      a) Desconto Racional (por dentro).

      b) Desconto Comercial (por fora).

a) DESCONTO RACIONAL (por dentro).

Desconto racional simples é aquele aplicado no valor atual do título n períodos antes do vencimento, ou seja, é o mesmo que juro simples. Não será dada muita importância a menos de comparação, pois raramente tem sido aplicado no Brasil.

$$Dr = VF - VP$$

Onde Dr = Desconto Racional

Como $VP = VF /(1+i.n)$

Temos:

$$D_r = \frac{VF.i.n}{(1+i.n)}$$

b) DESCONTO COMERCIAL OU BANCÁRIO (por fora)

Desconto comercial simples é aquele em que a taxa de desconto incide sempre sobre o montante ou valor futuro. É utilizado no Brasil de maneira ampla e generalizado, principalmente nas chamadas operações de "desconto de duplicatas" realizadas pelos bancos, sendo, por essa razão, também conhecido por desconto bancário ou comercial. É obtido multiplicando-se o valor de resgate do título pela taxa de desconto e pelo prazo a decorrer até o seu vencimento, ou seja:

$$D = VF.d.n$$

Onde d representa a taxa de desconto e n o prazo. E para se obter o valor presente, também chamado de valor descontado, basta subtrair o valor do desconto do valor futuro do título, como segue:

VP = FV − D

Daí vem que: VP = VF − VF.d.n => VP = VF.(1. −.d.n)

SITUAÇÃO PROBLEMA:

1. Qual o valor do desconto comercial simples de um título de R$ 2.000,00, com vencimento para 90 dias, á taxa de 2,5% ao mês?

Dados:

VF = 2.000,00

n = 90 dias = 3 meses *(como a taxa está em mês, devemos transformar o período para essa unidade)*

d = 2,5% ao mês

D=?

Solução:

D = VF . d . n => D = 2.000,00 . 0,025 . 3 = 150,00

2. Qual a taxa mensal de desconto comercial utilizada numa operação a 120 dias, cujo valor de resgate é de R$ 1.000,00 e cujo valor atual é de R$ 880,00?

Dados:

VF = 1.000,00

VP = 880,00

n = 120 dias = 4 meses

d=?

Solução:

D = VF − VP = 1.000,00 − 880,00 = 120,00

Isolando a taxa *d* na fórmula do desconto temos:

d = D / (VF . n) => d = 0,03 ou seja, d = 3% ao mês

3. Uma duplicata no valor de R$ 6.800,00 é descontada por fora, por um banco, gerando um crédito de R$ 6.000,00 na conta do cliente. Sabendo-se que a taxa cobrada pelo banco é de 3,2% ao mês, determinar o prazo de vencimento da duplicata.

Dados:

VF = 6.800,00

VP = 6.000,00

d = 3,2% ao mês

n =?

Solução:

D = VF – VP

D = 6.800,00 – 6.000,00 = 800,00

Isolando o prazo n na equação $D = VF \cdot d \cdot n$, temos $n = D/(VF \cdot d)$ substituindo os valores resulta que:

n = 3,676 meses, ou seja 110 dias

4. Calcular o valor líquido creditado na conta de um cliente, correspondente ao desconto por fora de uma duplicata no valor R$ 34.000,00, com prazo de 41 dias, sabendo-se que o Banco está cobrando nessa operação uma taxa de desconto de 4,7% ao mês.

Dados:

VF = 34.000,00

d = 4,7% ao mês

n = 41 dia

Solução:

Como nesse problema a taxa e o prazo não estão na mesma unidade de tempo (a taxa é mensal e o prazo está expresso em número de dias), basta, para compatibilizá-los, dividir um dos dois por 30, como segue:

D = VF.d.n

D = 34000 . 0,047 . 41/30

D = 2.183,93

Como VP = VF – D, tem-se:

VP = 34.000,00 – 2.183,93 = 31.816,07

5. O desconto de uma duplicata gerou um crédito de R$ 70.190,00 na conta de uma empresa. Sabendo-se que esse título tem um prazo a decorrer de 37 dias até o seu vencimento e que o Banco cobra uma taxa de desconto de 5,2% ao mês nessa operação, calcular o valor da duplicata.

Dados:

VP = 7.608,00

d = 5,2% ao mês

n = 138 dias = 138/30 meses

VF = ?

Solução: D = VF . d . n

Como nessa equação não ternos valores definidos para duas variáveis, D e VF, é impossível obter-se a solução desse problema somente através dela. Entretanto, como sabemos que D=VF-VP, a substituição desta naquela equação nos permite obter o valor da duplicata, como segue:

VF – VP = S.d.n => VP = VF – VF.d.n => VP = VF (1 - d.n) => VF = VP/(1 - d.n)

Assim, temos: VF = 10.000,00

6. No caso do exemplo anterior, calcular a taxa mensal de juros correspondente àquela operação, de acordo com o critério de juros compostos.

Dados:

P = 7.608,00

S = 10.000,00

n = 138 dias

i = ?

A solução pode ser obtida a partir da fórmula do JURO COMPOSTO VF= VP $(1+i)^n$. Como a taxa informada é mensal e o prazo é dado em número de dias, basta dividir este por 30 para expressá-lo em número de meses e assim compatibilizar as duas variáveis. Substituindo na equação do montante, ternos:

VF= VP $(1 + i)^n$

$10.000 = 7.608 (1 + i)^{(138/30)}$

$(1 + i)^{(138/30)} = 1,06853$

$1 + i = (1,06853)^{(30/138)}$

i = 1,06123 - 1 = 0,06123 ou 6,123% ao mês

TAXA IMPLÍCITA

Quando o desconto (taxa) é aplicado sob o valor futuro, para com isto obter o valor atual, a uma determinada taxa é X, porém com o valor atual é a taxa X não se obtém o valor futuro inicial. Com isto observamos que existe uma taxa implícita na operação que é maior que a taxa de desconto.

i = y% a período (taxa de juro)

d = x% a período (taxa de desconto)

Devemos aplicar uma taxa y ao valor do título com desconto e chegar ao valor do título, usando capitalização simples.

VF=VP.(1+i.n)   (a)

Temos ainda que o valor do título com desconto é dado por VP=VF (1 – d.n) (b)

Isolando VF em (b) e substituindo em (a) temos: VP/(1 – d.n) = VP(1 + i.n)

Resultando: i = d/(1 – d.n)

Onde:

i = taxa efetiva;

d = taxa de desconto;

n = número de períodos.

Situação Problema:

7. Um título que possui uma taxa de desconto de 4% ao mês durante 6 meses. Qual é a taxa real de juro simples?

Dados:

d = 4% a.m.;

n = 6 meses

Usando a fórmula acima temos:

i = 0,04 / (1 - 0,04 . 6)

i = 5,263% ao mês.

CÁLCULO DO VALOR DO DESCONTO SIMPLES PARA SÉRIES DE TÍTULOS DE MESMO VALOR

Vamos admitir que sejam apresentados a um banco 5 títulos, no valor de R$ 1.000,00 cada um, com vencimentos de 30 a 150 dias (de 1 a 5 meses) respectivamente, para serem descontados. Sabendo-se que a taxa de desconto cobrada pelo banco é de 3% ao mês, calcular o valor do desconto global e o valor líquido correspondente a ser creditado na conta do cliente. As novas variáveis serão representadas pelos seguintes símbolos:

Dt = valor do desconto total = $D_1 + D_2 + ... + D_n$

N = número de títulos (ou prestações)

S = Valor de cada título

Pt = valor líquido total dos títulos = N x S - Dt

a) Obtenção do desconto global, a partir do cálculo individual, para cada título:

Sendo   D = S.d.n, tem-se que:

$D_1 = 1.000,00 \times 0,03 \times 1 = 30,00$

$D_2 = 1.000,00 \times 0,03 \times 2 = 60,00$

$D_3 = 1.000,00 \times 0,03 \times 3 = 90,00$

$D_4 = 1.000,00 \times 0,03 \times 4 = 120,00$

$D_5 = 1.000,00 \times 0,03 \times 5 = 150,00$

Logo: $Dt = 30,00 + 60,00 + 90,00 + 120,00 + 150,00 = 450,00$

b) Dedução de uma fórmula que possibilita obter o desconto total de forma simplificada.

Com base no desenvolvimento feito no item anterior, podemos escrever:

$Dt = D_1 + D_2 + D_3 + D_4 + D_5$

$Dt = 1.000 \times 0,03 \times 1 + 1.000 \times 0,03 \times 2 + 1.000 \times 0,03 \times 3 + 1.000 \times 0,03 \times 4 + 1.000 \times 0,03 \times 5$

$Dt = (1.000, \times 0,03) \times (1 + 2 + 3 + 4 + 5)$

Aplicando-se a fórmula que dá a soma dos termos de uma progressão aritmética (PA):

$SPA = (t_1 + t_n)N / 2$

em que t_1 representa o prazo do título que vence primeiro, t_n o prazo do título que vence por último e N o número de títulos, ternos:

$Dt = (1.000 \cdot 0,03) \cdot (1+5) \cdot 5 / 2$ \hspace{1em} (1)

$Dt = 1.000,00 \cdot 0,03 \cdot 15 = 450,00$.

O valor líquido creditado na conta do cliente seria:

$Pt = S \cdot N - Dt$

$Pt = 1.000,00 \cdot 5 - 450,00 = 4.550,00$

Substituindo na expressão (1) cada número pelo seu símbolo correspondente, ternos:

$Dt = S \cdot d \cdot (t_1 + t_n) N / 2$ ou $Dt = S \cdot N \cdot d \cdot (1 + t_n)/2$

em que a expressão $(t_1 + t_n)/2$ representa o prazo médio dos títulos descontados.

Essa fórmula somente é válida para desconto de séries de títulos ou de prestações com valores iguais, de vencimentos sucessivos e de periodicidade constante a partir do primeiro vencimento. Quando os vencimentos ocorrem no final dos períodos unitários, a partir do primeiro, a fórmula para determinar o desconto total de uma série de títulos pode ser escrita como segue:

$Dt = S.N.d.(1 + t_n)/2$

em que t_n, que representa o prazo expresso em número de períodos unitários (mês, bimestre, ano etc.) referente ao título que vence por último, será sempre igual ao número de títulos N.

É importante lembrar que o período unitário da taxa deve estar sempre coerente com o período unitário do prazo, isto é, se na fórmula de cálculo os prazos forem representados em meses, trimestres ou anos, a taxa de desconto também deve ser representada em termos de taxa mensal, trimestral ou anual, respectivamente.

Exemplos:

1. Calcular o valor líquido correspondente ao desconto bancário de 12 títulos, no valor de R$ 1.680,00 cada um, vencíveis de 30 a 360 dias, respectivamente, sendo a taxa de desconto cobrada pelo banco de 2,5% ao mês.

Dados:

S = 1.680,00

$N = t_n = 12$

d = 2,5%

Pt = ?

Solução:

$Dt = S.N.d.(1 + t_n) / 2$

Dt = 3.276,00

Pt = S . N - Dt = 20.160,00 - 3.276,00 = 16.884,00

2. Quatro duplicatas, no valor de R$ 32.500,00 cada uma, com vencimentos para 90, 120, 150 e 180 dias, são apresentadas para desconto. Sabendo-se que a taxa de desconto cobrada pelo banco é de 3,45% ao mês, calcular o valor do desconto.

Dados:

S = 32.500,00

N = 4

d = 3,45% ao mês

t_1 = 90 dias = 3 meses

t_n = 180 dias = 6 meses

DT = ?

Solução:

DT = S.N.d.(t_1 + t_2) /2

DT = 20.182,50

RELAÇÃO ENTRE TAXA DE DESCONTO NO PERÍODO E JURO COMPOSTO.

Se um produto é vendido a R$ 100,00 para 63 dias, qual o desconto que o fornecedor pode conceder na venda a vista, se ele pratica uma taxa de juros composto de 5,0% a.m.?

Podemos calcular a taxa de desconto igualando as equações VP=VF/(1+i)^n da capitalização composta e VP=VF(1 - d.n) do desconto comercial, chegando a:

$$d = \frac{(1+i)^n - 1}{n(1+i)^n} \qquad (1)$$

como n = 63/30 = 2,1 meses

Chegamos que:

d = 0,04637 ~ 4,637% a.m. *(taxa de desconto)*

Como o comprador, ao receber a oferta de desconto de 4,637% ao mês na compra a vista poderá calcular a taxa mensal de juro composto praticada pelo fornecedor, no caso acima?

Da mesma maneira acima, poderemos chegar à equação para calcular a taxa de juro:

$$i = \sqrt[n]{\frac{1}{(1-dn)}} - 1 \qquad (2)$$

donde chegamos que i = 0,05 ou 5%

DESCONTO COMERCIAL COMPOSTO

Se a um produto no valor de R$ 100,00 forem concedidos dois descontos de 20%, o líquido será de R$ 64,00. De fato, com o primeiro desconto de 20% o valor liquido será de R$ 80,00, e com o segundo desconto de 20%, agora sobre R$ 80,00, o valor líquido passa a ser de R$ 64,00. A equação do valor líquido no caso do desconto composto poderá ser deduzida a partir do desconto simples.

Chega-se a equação $VP = VF(1 - d)^n$ (3)

onde *VP* é o valor atual, *VF* é o valor nominal do título, *d* é a taxa de desconto e *n* prazo a decorrer até o vencimento.

Na prática, porém, dificilmente será constatada a aplicação do desconto composto tal como aqui colocado. No entanto, se um fornecedor tivesse cobrado 25% a.m. de juros na venda a 30 dias, na venda a vista poderia conceder 20% de desconto. Essa relação entre taxa de juros e taxa de desconto já foi descrita anteriormente.

Além disso, se esse mesmo fornecedor vendesse a 60 dias, certamente cobraria um acréscimo de 56,25% a.p. de juros. Se fizermos a equivalência de taxa obteremos a taxa de desconto de 36% a.p., que é exatamente o desconto composto aplicado na apuração do valor líquido de R$ 64,00 que resulta o exemplo acima.

Notemos também, que se aplicarmos a eq. (1) com as informações acima, obteremos:

d = 0,36 ou 36% a.p.

Portanto o uso do desconto composto é comum na prática comercial brasileira, porém compõe-se a taxa de desconto para o período antes de informá-la. Como no exemplo aqui demonstrado, concede-se 36% ao bimestre em vez de dois descontos sucessivos de 20% a.m.

Juros Simples, Juros Compostos

Existem dois tipos de juros:

Os juros simples, que são acréscimos somados ao capital inicial no final da aplicação e os juros compostos que são acréscimos somados ao capital, ao fim de cada período de aplicação, formando com esta soma um novo capital, também conhecido como "juros sobre juros".

Enquanto o crescimento dos juros simples é linear, o segundo juros compostos é exponencial, e portanto tem um crescimento muito mais acelerado.

Como capital definimos o valor que é financiado, seja na compra de produtos ou empréstimos em dinheiro.

Ao financiar algo utilizando juros simples, a pessoa obtém um montante (valor total a pagar) inferior ao que financia por meio de juros compostos.

A fórmula de resolução de juro simples é a seguinte:

$j = C \cdot i \cdot t$

Na qual:

j = juros, C = capital, i = taxa, t = tempo.

Já a fórmula para juros compostos é:

onde S = montante, P = principal, i = taxa de juros e n = número de períodos que o principal P (capital inicial) foi aplicado.

$$S = P(1+i)^n$$

Porcentagem

A **porcentagem** é uma das áreas da matemática mais conhecidas. Praticamente é utilizada em todas as áreas, quando queremos comparar grandezas, estimar o crescimento de algo, expressar uma quantidade de aumento ou desconto do preço de alguma mercadoria. Vemos porcentagem a todo momento e, mesmo quando não percebemos, estamos fazendo uso dela.

A porcentagem é uma razão cujo o denominador é igual a 100.

$k100$

Porcentagens são chamadas, também de razão centesimal ou de percentual.

As porcentagens costumam ser indicadas pelo símbolo "%", lê-se "por cento".

Podemos representar uma fração na forma fracionária, decimal, ou acompanhada do símbolo %. Veja:

4%=4100=0,04

As porcentagens podem ser utilizadas quando queremos expressar que uma quantidade é uma parte de outra, por exemplo, imagine que um produto que custava R$ 80,00 foi vendido a vista, com 5% de desconto. Esse desconto de 5% de R$ 80,00 significa 5 partes das 100 em que 80 foi dividido, ou seja, R$ 80,00 será dividido em 100 partes, e o desconto será igual a 5 partes dessa divisão. Assim,

5% de R$ 80,00 = 5·80100=5·0,8=4

Portanto, 5% de R$ 80,00 será R$ 4,00. E esse será o valor a ser descontado.

Poderíamos, também, calcular de outra forma:

5% de R$ 80,00 = 5·80100=5100·80=0,05·80=4

Daí, concluímos que calcular a% de x, corresponde a fazer:

$a100 \cdot x$

Podemos usar, também, a seguinte proporção:

{100%5%→80→x

$100x = 80 \cdot 5$

$100x = 400$

$x = 400100$

$x = 4\%$

Exemplo

(ENEM 2013). Para aumentar as vendas no início do ano, uma loja de departamentos remarcou os preços de seus produtos 20% abaixo do preço original. Quando chegam ao caixa, os clientes que possuem o cartão fidelidade da loja têm direito a um desconto adicional de 10% sobre o valor total de suas compras.

Um cliente deseja comprar um produto que custava R$50,00 antes da remarcação de preços. Ele não possui o cartão fidelidade da loja. Caso esse cliente possuísse o cartão fidelidade da loja, a economia adicional que obteria ao efetuar a compra, em reais, seria de

- a. 15,00
- b. 14,00
- c. 10,00
- d. 5,00
- e. 4,00

O primeiro desconto será de 20% sobre o produto que custa R$ 50,00.

20% de R$ 50 = 20100·50=0,2·50=R10

Assim, o cliente terá um desconto de R$ 10,00. O cliente pagará, então R$ 40,00.

Se o cliente tivesse o cartão fidelidade, ainda receberia um desconto adicional de 10% sobre o valor de R$ 40,00 (após o desconto de 20%).

O desconto será 10% de 40 = 10100·40=0,1·40=R$4. Ou seja, o desconto seria de R$ 4,00. O cliente pagaria, então R$ 36,00.

A economia adicional será a diferença entre os preços pagos com o cartão fidelidade e sem ele, ou seja, R$ 40,00 – R$ 36,00 = R$ 4,00.

Alternativa "e"

Registros Contábeis

A Entidade deve manter um sistema de escrituração uniforme dos seus atos e fatos administrativos que atendam às normas contábeis vigentes.

DOCUMENTAÇÃO

A base dos registros contábeis é a documentação (notas fiscais, recibos, cópias de cheques, etc.).

Os documentos não devem apresentar nenhuma rasura e caso sofram algum dano que dificulte a identificação de seu conteúdo eles deverão ser reconstituídos ou substituídos, na impossibilidade de reconstituição.

A data de emissão do documento, geralmente, determina a data do registro contábil, por isso a importância que o fluxo de papéis dentro da empresa seja adequado.

Mas existem documentos, como as notas fiscais de entrada de mercadorias, que são contabilizados na data da entrada no estabelecimento, e não na data de emissão do documento.

ESCRITURAÇÃO CONTÁBIL EM FORMATO DIGITAL

O Comunicado Técnico CTG 2001 estabelece critérios e procedimentos para a escrituração contábil em forma digital para fins de atendimento ao Sistema Público de Escrituração Digital (SPED).

Detalhes do Registro

A escrituração em forma contábil deve conter, no mínimo:

(a) data do registro contábil, ou seja, a data em que o fato contábil ocorreu;

(b) conta devedora;

(c) conta credora;

(d) histórico que represente a essência econômica da transação ou o código de histórico padronizado, neste caso baseado em tabela auxiliar inclusa em livro próprio;

(e) valor do registro contábil;

(f) informação que permita identificar, de forma unívoca, todos os registros que integram um mesmo lançamento contábil.

O registro contábil deve conter o número de identificação do lançamento relacionado ao respectivo documento de origem externa ou interna ou, na sua falta, em elementos que comprovem ou evidenciem os fatos patrimoniais.

Na escrituração contábil em forma eletrônica, o lançamento contábil deve ser efetuado com:

a) um registro a débito e um registro a crédito, ou;
b) um registro a débito e vários registros a crédito, ou;
c) vários registros a débito e um registro a crédito, ou;
d) vários registros a débito e vários registros a crédito.

Plano de Contas

O plano de contas, com da todas as suas contas sintéticas e analíticas, deve conter, no mínimo, 4 (quatro) níveis e é parte integrante escrituração contábil da entidade, devendo seguir a estrutura patrimonial prevista nos arts. 177 a 182 da Lei 6.404/1976.

REGISTROS CONTÁBEIS QUE EXIGEM ATENÇÃO ESPECÍFICA

Algumas contabilizações exigem uma atenção especial pelo fato de envolverem outros procedimentos que não o simples lançamento contábil, geralmente envolvem cálculos, rateios, retenções de tributos.

Fluxo de Caixa

Em Finanças, o **fluxo de caixa,** refere-se ao fluxo do dinheiro no caixa da empresa, ou seja, ao montante de caixa recebido e gasto por uma empresa durante um período de tempo definido, algumas vezes ligado a um projeto específico. O fluxo de caixa refere-se ao movimento de dinheiro no período passado, enquanto o orçamento é o seu equivalente para períodos futuros. Fluxo de Caixa é um Instrumento de gestão financeira que projeta para períodos futuros todas as entradas e as saídas de recursos financeiros da empresa, indicando como será o saldo de caixa para o período projetado. De fácil elaboração para as empresas que possuem os controles financeiros bem organizados, ele deve ser utilizado para controle e, principalmente, como instrumento na tomada de decisões. O Fluxo de Caixa deve ser considerado como uma estrutura flexível, no qual o empresário deve inserir informações de entradas e saídas conforme as necessidades da empresa. Com as informações do Fluxo de Caixa, o empresário pode elaborar a Estrutura Gerencial de Resultados, a Análise de Sensibilidade, calcular a Rentabilidade, a Lucratividade, o Ponto de Equilíbrio e o Prazo de retorno do investimento. O objetivo é verificar a saúde financeira do negócio a partir de análise e obter uma resposta clara sobre as possibilidades de sucesso do investimento e do estágio atual da empresa.

O fluxo de caixa mal feito traz vários problemas para uma empresa, e um dos entraves é o vencimento das obrigações a pagar em um momento em que o caixa da empresa está desfalcado. Quando isso ocorre, a empresa se vê, na maioria das vezes, obrigada a contrair empréstimos para não ficar em débito com os fornecedores e prejudicar transações futuras.

Noções de Logística: Modalidades de transporte

A ampliação do comércio internacional tem acontecido de forma inevitável em virtude da globalização, que impulsiona as exportações do mercado interno. Desta forma o sistema logístico acaba tendo que acompanhar tal crescimento, oferecendo suporte aos negócios e auxiliando no sucesso do comércio. Os modais de transporte são parte indispensável nesse processo logístico, promovendo a chegada da mercadoria ao seu destino estabelecido.

Desde muito tempo, o transporte de mercadorias vem sendo utilizado para disponibilizar produtos ao comprador dentro do prazo estabelecido. De acordo com Ballou (2001), mesmo com os avanços da tecnologia, o transporte é fundamental para que o processo logístico seja concluído. E muitas empresas buscam na logística de transporte obter um diferencial competitivo. A empresa pode utilizar a logística como estratégia competitiva, uma vez que consiga se diferenciar dos concorrentes, aos olhos de seus clientes, e, busque reduzir seus custos aumentando assim o seu lucro.

Segundo COELHO (2010), a logística envolve muito mais do que apenas o transporte e a distribuição; abrangendo também a armazenagem e gestão de estoque e compras bem como a gestão das atividades de apoio. Porém este artigo tratará do componente transporte, apresentando os tipos de modais, suas características e o que distinguem uns do outros nas determinadas aplicações para a realização do transporte.

TIPOS DE MODAIS

Ferroviário

O modal ferroviário tem uma importância considerável para o mercado brasileiro, pois através dele é possível transportar um volume expressivo de cargas por longas distâncias. Apesar de o transporte ferroviário ser mais barato, ele não é tão ágil quanto os outros modais. Suas principais vantagens consistem no fato de ser um transporte apropriado para longas distâncias, sobretudo para grande quantidades de peso ficando isento de taxas ou manuseio.

Como desvantagens, podemos citar o fato da falta de flexibilidade em seu trajeto, não sendo possível parar entre um lugar e outro. O transporte ferroviário é adequado para a condução de mercadorias agrícolas, minérios de ferro, produtos siderúrgicos, fertilizantes, derivados de petróleo, entre outros.

Aéreo

O transporte aéreo é um modal que tem por característica a agilidade, segurança e praticidade. É a melhor opção para produtos que exijam um transporte rápido, como por exemplo, produtos eletrônicos.

As principais vantagens desse modal são:

- rapidez na entrega dos produtos;

- pode ser utilizado com eficácia no transporte de amostras;

- o documento de transporte é obtido com rapidez;

- normalmente, os aeroportos encontram-se próximos de centros de produção industrial ou agrícola, que são distribuídos praticamente por todas as cidades importantes do mundo.

- as empresas podem adotar uma política de just in time, reduzindo os custos com estoque e proporcionando redução de custos com capital de giro pois as mercadorias poderão ser recebidas diariamente ou semanalmente.

- aumenta a competitividade do exportador, pois a entrega rápida pode ser um argumento de venda.

- seguro do transporte aéreo é mais baixo em relação ao marítimo.

- A mercadoria, por não ser tão manejada, acaba reduzindo os custos com embalagem.

Principais desvantagens:

- Há uma capacidade específica para transporte de mercadorias.

- Não é possível transportar produtos a granel.

- Alto investimento em Infraestrutura.

Rodoviário

O transporte rodoviário é um dos mais importantes meios de condução de cargas no Brasil. São utilizados veículos como caminhões e carretas nas estradas de rodagem. Esse modal vem sendo utilizado desde a década de 50, quando foi implantada a indústria automobilística e as rodovias sofreram processo de pavimentação a fim de promover a indústria.

Noções de Gestão, Planejamento, Previsão e Controle de Estoques

A previsão de demanda futura é a base para todas as decisões estratégicas e de planejamento em uma cadeia de suprimentos.

As empresas, de uma maneira geral, direcionam suas atividades de acordo com o rumo que seu negócio andará. Esse rumo é determinado a partir de previsões, e a previsão da demanda talvez seja a mais importante delas, pois é a base do planejamento estratégico das áreas de produção, vendas e finanças de uma empresa, e permitem que os administradores planejem adequadamente suas ações.

Independentemente de o modelo de produção ser empurrado ou puxado a primeira medida a ser tomada é prever qual será a demanda dos clientes no futuro. Dessa forma, é possível utilizar a capacidade eficientemente, reduzindo o tempo de reação dos clientes, evitar perdas de vendas e diminuir os estoques.

- Todos os processos empurrados (push) são desempenhados em antecipação à demanda dos clientes
- Para os processos push, os gerentes devem planejar o nível de produção
- Todos os processos puxados (pull) ocorrem em resposta à demanda do cliente
- Para os processos pull, os gerentes devem planejar o nível da capacidade que será disponibilizada.

Nas empresas, importantes decisões por área funcional se baseiam em previsão de demanda. Veja:

- Produção: programação, controle de estoque e planejamento agregado;
- Comercial e Marketing: alocação da força de vendas, promoções, lançamento de novos produtos;
- Finanças: investimento na fábrica e em equipamentos e planejamento orçamentário;
- Pessoal: planejamento da mão de obra, contratações e demissões.

O ideal é que essas decisões não sejam segregadas por área funcional, pois exercem influência entre si e são mais bem realizadas em conjunto.

Para utilizar os métodos de previsão de demanda e gerenciar adequadamente os estoques que garantam a otimização dos custos logísticos e o nível de serviço prestado aos clientes, os gerentes devem tomar 3 decisões importantes:

- O que prever
- Qual tipo de técnica de previsão de demanda utilizar
- Que tipo de software utilizar

Etapas

As etapas para o desenvolvimento de um projeto de um sistema de previsão de demanda estão destacadas a seguir (clique no ícone para conferir):

Aplicação

Um dos principais cases de sucesso da Nortegubisian relacionado com o uso de previsão de demanda foi desenvolvido em um cliente do setor químico, uma grande multinacional que produz itens de limpeza para o mercado institucional.

O cenário que prevalecia na empresa antes da realização do projeto era representado por:

- Alto índice de pedidos em atraso (Backorder)
- Excesso de estoque de alguns produtos, que venciam constantemente nas prateleiras
- Problemas de suprimento de matérias-primas e consequente paradas de produção
- Alta incidência de alterações na programação
- Alto tempo para planejamento da produção
- Alto tempo gasto preenchendo documentos/formulários
- Medidas de produtividade e disponibilidade insuficientes para estruturação de iniciativas de melhoria

Além disso, o processo produtivo enfrentava muitos fatores críticos que comprometiam os resultados:

- Matriz de incidência produtos x recursos produtivos não documentada
- Tempos de processos não documentados
- Setups dependentes da sequência de produção em termos de exequibilidade e tempo.

- Restrições em relação à permanência de alguns produtos no reator durante a noite.
- Limitações importantes de capacidade de movimentação e armazenagem.
- Baixa flexibilidade em termos de tamanho de lote de produção.
- Taxa de produção fortemente atrelada à capacidade produtiva.
- Fluxo de produção divergente (o mesmo produto é geralmente apresentado em mais de um SKU).
- Perecibilidade dos produtos.

Com relação à demanda e ao mercado, a realidade era a seguinte:

- Ausência de avaliação sistemática dos lead times de entrega ideais por produto, família de produto, cliente ou tipo de cliente
- Ausência de avaliação sistemática de benchmarking de lead times de entrega praticados pelos principais concorrentes
- Demanda com alto componente sazonal intra-mês, nos fechamentos quinzenais e mensais
- Portfólio de 293 produtos com diferentes comportamentos em relação à volume e variação
- Ausência de segmentação alguma na estratégia de produção – todos itens são MTO

Diante deste cenário, a Nortegubisian Consultoria e Treinamento iniciou um processo de melhoria com a adoção de várias ferramentas e técnicas de trabalho com destaque para a implantação de técnicas de previsão de demanda, gestão de capacidade e administração de materiais. O método do S&OP (Sales and Operation Planning) foi utilizado como orientador para o desenvolvimento das atividades.

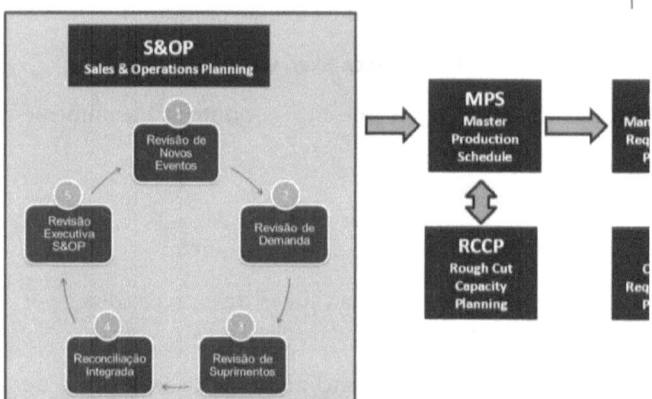

Previsão de demanda

O S&OP como método orientador para a implantação das técnicas de previsão de demanda e gestão da capacidade de dos materiais na empresa

Antes de iniciar os testes para a definição da melhor técnica de previsão de demanda a ser adotado pela empresa, a Nortegubisian avaliou o comportamento do volume e da variação do portfólio da empresa para definir a melhor estratégia de produção: MTS (make to stock ou fazer para estoque) e MTO (make to order ou fazer contra pedido).

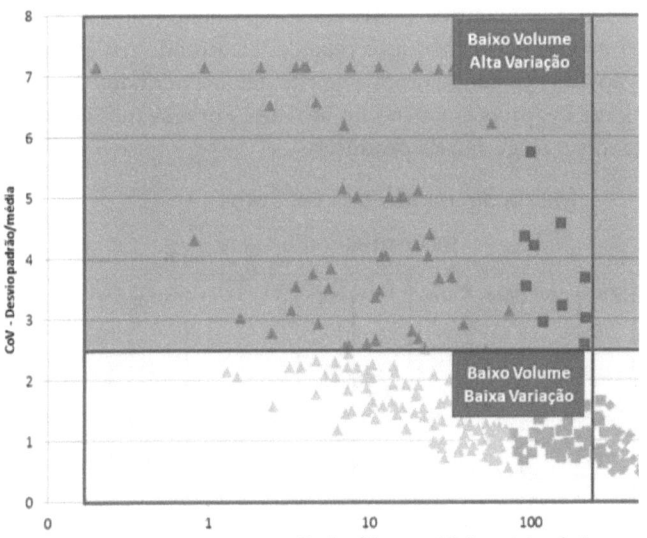

Análise volume versus variação para o portfólio da empresa (MTS ou MTO?)

Os itens do portfólio categorizados como baixo volume e baixa variação ou alto volume e baixa variação (faixa amarela representada na figura acima) são aqueles definidos como MTS e por isso totalmente influenciados pela implantação de técnicas de previsão de demanda.

A análise dos dados diários de venda para os itens MTS mostra uma forte concentração dos pedidos nos períodos de final de mês, sendo definidos os seguintes períodos no mês:

- Período 1: dia 1 ao 11;

- Período 2: dia 12 ao 16;
- Período 3: dia 17 ao 25;
- Período 4: dia 26 ao 31;

Observa-se na figura a seguir que o período 4 apresenta uma média de vendas significativamente superior, aproximadamente duas vezes a venda média total. Esse comportamento irregular da demanda compromete a aplicação de modelos tradicionais de gestão de produção puxada, incorrendo em grandes estoques, subutilização da capacidade produtiva nos demais períodos do mês ou produções em regime de horas extras no fim do mês. Por esse motivo, será proposto um modelo misto de gestão da produção.

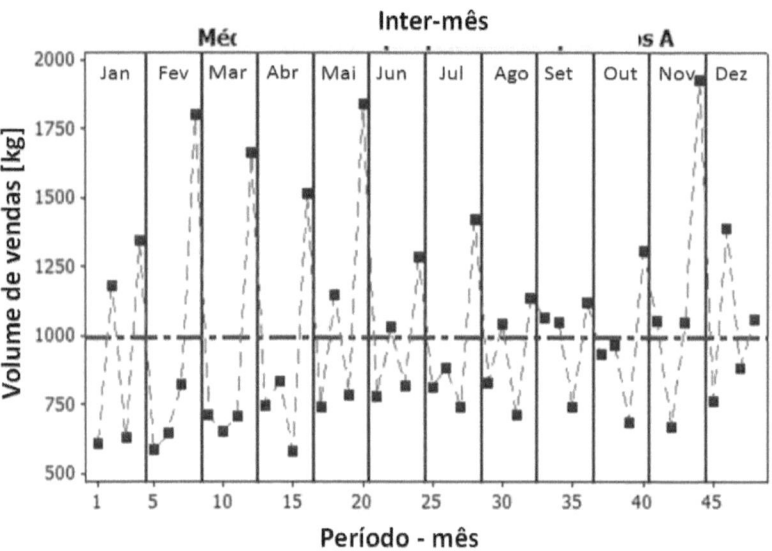

Média de vendas por períodos mensais 1 a 4

Dados consolidados das médias de venda dos produtos A nos períodos 1 a 4 são mostrados no formato Box-plot, na figura a seguir. Observa-se que há pouca diferença entre as médias de venda dos produtos A nos períodos 1 a 3, sendo a média no período 4 significativamente maior. Além disso, nota-se que a variabilidade das vendas é significativamente maior para o período 4.

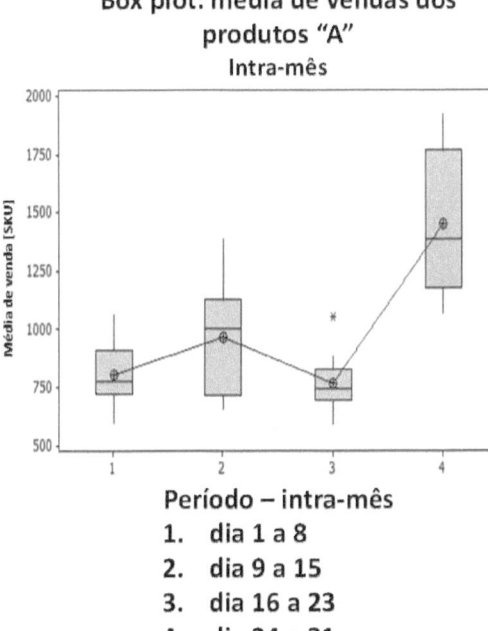

Período – intra-mês
1. dia 1 a 8
2. dia 9 a 15
3. dia 16 a 23
4. dia 24 a 31

Box-plot das vendas dos produtos A, por período

Com isso, foi ajustado um modelo de previsão de demanda (modelo de Holt-Winters) para cada item do portfólio, sendo medida a previsibilidade de demanda em termos do Erro Percentual Médio (MAPE) (quanto menor o MAPE, maior é a previsibilidade da demanda pelo modelo).

Por meio da experiência da equipe Nortegubisian e alguns testes numéricos, foi definido o modelo escolhido foi o de suavização exponencial tripla aditivo. Esse modelo gera previsões mensais, que são corrigidas semanalmente, por meio de fatores de sazonalidade intra-mensais, gerando previsões semanais de demanda.

O modelo de e processo de previsão são mostrados na figura a seguir:

Nível mensal
Modelo suavização exponencial tripla aditivo: Holt/Winter

$L_t = \alpha (Y_t - S_{t-p}) + (1-\alpha)[L_{t-1} + T_{t-1}]$

$T_t = \gamma [L_t - L_{t-1}] + (1-\gamma)T_{t-1}$

$S_t = \delta (Y_t - L_t) + (1-\delta) S_{t-p}$

$\hat{Y}_t = L_{t-1} + T_{t-1} + S_{t-p}$

Nível semanal

$\hat{y}_t = s_n \hat{Y}_t$

s_n: do histórico

Medida de desempenho

$E_t = Y_t - \hat{Y}_t$

$MAPE = \dfrac{\sum_{t=1}^{N} \left|\frac{E_t}{Y_t}\right|}{N}$

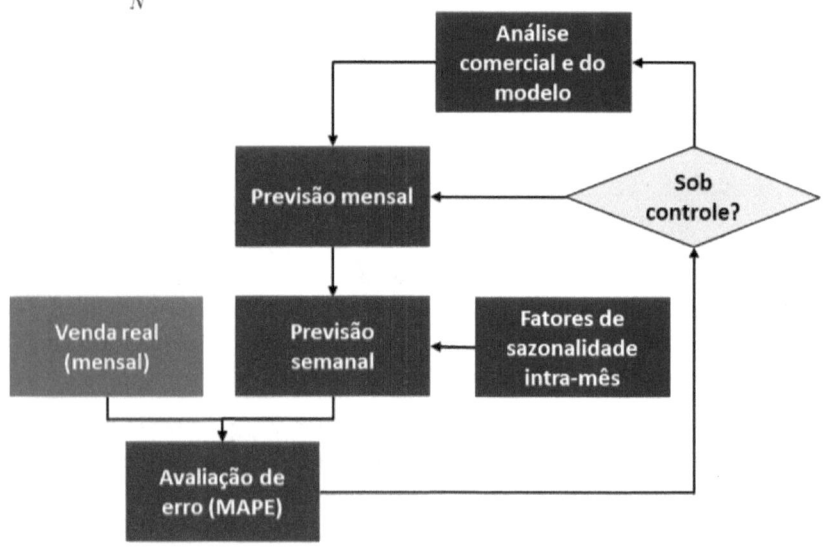

Modelo e processo de previsão de demanda.

O comportamento do portfólio de produtos em termos de previsibilidade é mostrado na figura a seguir. Há alta aderência do modelo e um erro percentual médio (MAPE) de apenas 6,3%.

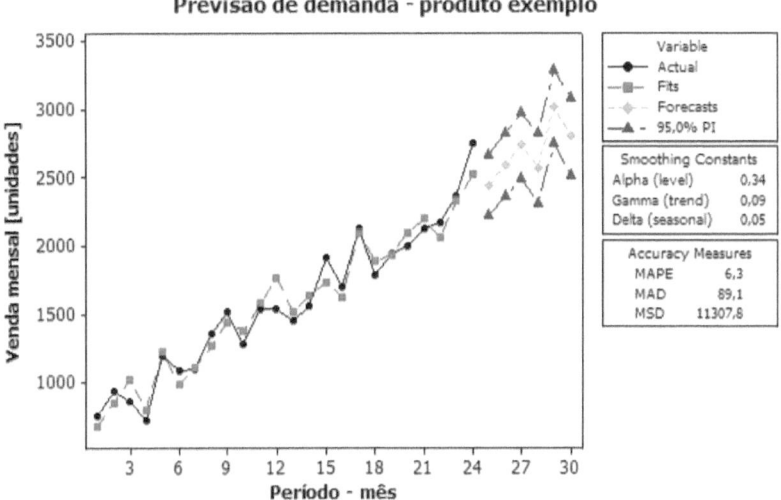

Ajuste do modelo, previsão e MAPE para um produto da empresa

Como resultado da alta aderência dos modelos de previsão de demanda aplicados ao portfólio da empresa, uma série de melhorias foram alcançadas.

Para a gestão de materiais – Matérias Primas:

- Redução de 20% na média de capital em estoque
- Redução de alterações na programação da produção devido à falta de MP
- Redução da ocupação de espaço no armazém de MP
- Compras efetuadas com modelo estruturado baseado na demanda

Para o planejamento e controle da produção:

- Redução de 75% de backorders: pedidos não atendidos com produtos em estoque.

- Adequação dos níveis de estoque de acabados com a demanda diminuição do vencimento de produtos no estoque. Não houve mais nenhum vencimento de produto no estoque após a implantação do modelo.
- Melhor precisão no planejamento redução da falta de insumos em 90%.
- Diminuição do tempo necessário para planejamento devido à sistematização e automação do modelo. Para o plano semanal, tempo passou de 8 horas para 1 hora, redução de 88%. Para a programação das ordens, o tempo diminuiu de 20 min para 5 min, redução de 75%.

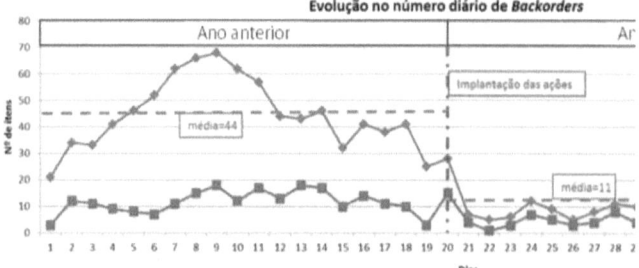

Redução do backorder após a implantação das técnicas de previsão de demanda e gestão de materiais

- Redução de alterações no programa de produção e reprogramações. Não houveram reprogramações após a implantação do modelo.
- Aumento de disponibilidade da produção:
  - 5,7% devido ao modelo de gestão de embalagens
  - 6,0% devido à programação de abastecimento
  - 4,6% devido ao modelo de sequenciamento

- Compras de embalagens realizadas com base na demanda e consequente nivelamento da cobertura de estoque. Redução de 80% do tempo de cobertura (aumento de giro) para 20% das embalagens
- Aumento de giro de estoque de produtos acabados (veja gráfico a seguir)
- Redução no tempo de procura e consequente ganho de agilidade na utilização dos materiais.
- Não há mais necessidade de procura por materiais (redução de 100%).
- Processos documentados e pessoal treinado para a garantia da sustentabilidade das ações

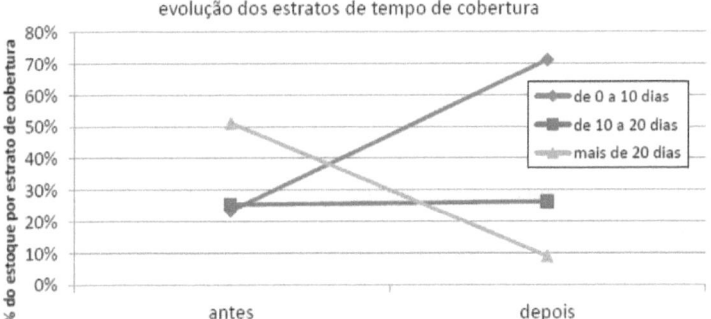

Melhoria do giro de estoque de produtos acabados

BLOCO 3

3 – NOÇÕES DE INFORMÁTICA

Principais aplicativos comerciais para edição de textos e planilhas, tabelas e gráficos, correio eletrônico, apresentações de slides e para geração de material escrito e visual. Conceitos de organização de arquivos e métodos de acessos.

A Internet é a uma rede mundial de computadores conectados entre si, que se caracteriza pela forma descentralizada como atua. Oferece serviços de comunicação de dados, como acesso remoto, transferência de arquivos, correio eletrônico, Web e muitos outros.

A utilização da Internet na área biomédica foi a grande notícia do final do século vinte. Ela permite compartilhar, instantaneamente, resultados de testes com novos medicamentos, pesquisas, estudos de casos e colabora tremendamente no desenvolvimento das ciências biomédicas. Além disso, ela alarga as fronteiras do próprio conhecimento, tornando, por exemplo, a medicina e ciências afins mais eficientes. Graças à Internet, os profissionais da área da saúde estão mais próximos das notícias médicas, das informações, dos resultados de pesquisas, da bibliografia, de novos equipamentos e, assim, de seus clientes, das suas investigações e de seus alunos.

Na década de 60, em plena Guerra Fria, temendo as conseqüências de um ataque nuclear, o Departamento de Defesa (DoD) dos Estados Unidos iniciou o desenvolvimento de uma rede de computadores que não pudesse ser destruída por bombardeios e fosse capaz de ligar pontos estratégicos, como centros de pesquisa e tecnologia.

A idéia culminou na ARPAnet (ARPA = Advanced

Research Projects Agency), que era uma rede sem centro, que permitia que todos os computadores tivessem o mesmo status, e que os dados trafegassem em qualquer sentido, em rotas intercambiáveis. No ano de 1972, a ARPA apresentou ao mundo um novo aplicativo, desenvolvido pelo engenheiro Ray Tomlinson, que permitia o envio de mensagens individuais, de pessoa para pessoa. Atualmente chamamos esse serviço pelo nome de e-mail (ou correio eletrônico).

Com dezenas de novos pedidos para fazer parte da rede e centenas de sugestões para aperfeiçoá-la, foi necessário unificar a linguagem de todos os sistemas conectados. Esse conjunto de regras foi escrito em conjunto pela equipe de Bob Kalin, da ARPA, e por especialistas da Universidade de

Stanford, liderados por Victon Cerf. O documento desenvolvido em 1974 se chamava Protocolo de Controle de Transmissão, ou em inglês Transmission Control JorotocollInternet Protocol (TCP/IP).

O número de conexões foi crescendo em proporção geométrica, e, no momento em que havia 200 instituições conectadas na rede, o nome "protocolo" foi abolido e passou a se chamar apenas "Internet".

Em 1985, a Fundação de Ciência Nacional dos

Estados Unidos criou a NSFnet (NSF= National Science Foundation), constituída por uma série de redes destinadas à educação e investigação. Baseada nos protocolos da ARPAnet, a NSFnet construiu uma infra-estrutura que conectava instituições de ensino e pesquisa. Ao mesmo tempo, foram formadas estruturas regionais, que permitiam a ligação das diferentes instituições à rede nacional, inserindo a comunidade acadêmica na Internet.

No início dos anos 90, a Internet ultrapassou a marca de um milhão de usuários e teve início a utilização comercial da rede. Empresas pioneiras (como, por exemplo, Compuserve e America Onfine)

montam redes próprias de comunicação, conectadas à Internet, e passam a cobrar do público em geral pelo acesso à rede.

Em 1993, quatro anos após o início do desenvolvimento do conceito de World Wide Web (W) pelos cientistas do laboratório nuclear suíço CERN, coordenados pelo cientista Tim Berners-Lee, o Centro Nacional para Aplicações em Supercomputadores (NCSA), sediado em Chicago (EUA), lançou o primeiro browser gráfico: o Mosaic.

A partir do lançamento do NCSA Mosaic, o crescimento da Internet tornou-se espantoso, agregando a sua rede servidores e usuários de todos os locais do mundo. Em maio de 1995, uma portaria conjunta do Ministério das Comunicações e do Ministério da Ciência e Tecnologia criou a figura do provedor de acesso privado no Brasil, liberando a operação comercial da Internet no Brasil. Atualmente o Brasil conta com mais de 12 milhões de internautas, segundo estimativas do http://www.ibope.com.br/eratings/

A capacidade de os computadores trocarem informações entre si, não importando onde estiverem, usando uma rede de conexões, permite aos usuários da Internet usufruírem de uma série de serviços. A Internet oferece serviços com finalidades, atuação e detalhes técnicos específicos, que são resumidamente descritos a seguir.

World Wide Web (W) - teia de alcance mundial

A World Wide Web, também conhecida como W,

Web ou W3, é o serviço mais popular disponível na Internet, a ponto de muitas pessoas confundirem a Web com a própria Internet. A Web é uma coleção de servidores que contém páginas com elementos hipertexto e multimídia (textos, imagens, animações, sons e vídeos) que compõem os sites ou websites (locais da Web). A principal característica da Web é o seu caráter hipertextual, ou seja, as páginas são interligadas entre si de forma não linear, por vínculos denominados links ou hyperlinks, que, quando acessados, levam o usuário a outra parte da mesma página ou a outros documentos localizados em outros servidores ao redor do mundo. Esse procedimento de clicar com o mouse sobre um link (que pode ser uma palavra sublinhada, um botão, uma imagem ou ícone) e ser levado a outra página, é conhecido informalmente como navegar ou surfar na Web.

Para acessarmos a Web, é necessário que tenhamos instalado em nosso computador um navegador da Web (Web Browser , como, por exemplo, o Internet Explorer (Microsoft) ou Netscape (AOL Netscape), e que saibamos o endereço da página que desejamos visualizar. Os documentos da Web possuem um endereço único e exclusivo conhecido por URL (Uniforni Resource Locator - Localizador Uniforme de Recursos), que é composto da seguinte forma:

http://www.saude.gov.br

* http://: indica que o endereço corresponde a uma página da Web o w: letras não obrigatórias, mas presentes na maioria dos endereços

- saude: nome do site e, geralmente, corresponde à empresa ou instituição à qual pertence

- gov: extensão que indica a categoria em que o site se enquadra (governamental, comercial, educacional, etc.)

- br: indica o país onde está localizado o computador que hospeda o site (e não a nacionalidade da empresa ou instituição responsável por ele)

Em geral, cada site da Web possuí uma página de entrada, a homepage, a partir da qual o usuário escolhe que áreas deseja visitar.

As páginas da Web são documentos de hipertexto, programados em uma linguagem chamada HTML (Hyper Text Markup Language - Linguagem de Marcação de Hipertexto) e transferidos do computador hospedeiro para o cliente através do protocolo de transferência de hipertexto (HyperText Transfer Protocol -HTTP), conhecido pelo prefixo hup:1.

Alguns elementos que formam uma página Web:

E-mail (electronic mail) - correio eletrõnico

Sistema de computação que permite a troca de mensagens escritas entre um usuário de um computador e um ou mais receptores, semelhante à troca de cartas. Os provedores de acesso disponibilizam uma conta de e-mail para o usuário, o que corresponde a uma porção do disco rígido de seu servidor para uso exclusivo na recepção de mensagens. Deste modo, tanto a transmissão como a recepção de mensagens são realizadas pelo computador hospedeiro (provedor). Assim, ao se conectar com o servidor, é verificada a presença ou não de mensagens novas. Existindo correspondência, elas são enviadas para o computador do usuário (Ver capítulo 8). Além de textos, é possível enviar fotos, sons, programas, vídeos e materiais de todos os tipos que possam ser convertidos em arquivos binários.

Para enviar uma mensagem pelo e-mail, é necessário indicar o nome do destinatário e seu endereço eletrônico. Esses endereços contêm o nome do usuário, o símbolo arroba @ e os dados do domínio do provedor de serviços (nome, tipo de sistema e país). Exemplo:

rodrigo @ lapnet.com.br - rodrigo: nome do usuário

- @: arroba

- lapnet: nome do provedor

- com: tipo de sistema

- br: país Teleconferências (Chat)

A teleconferência, também conhecida como Chat - que em português significa bate-papo -, permite a comunicação com outros usuários da Internet em tempo real ("conversar" de forma instantânea) via teclado, entre computadores ligados à rede.

O serviço de Chat permite ao usuário se conectar a um servidor, que se encontra dividido em "salas" (ou "canais") e que, na verdade, subdivide tematicamente assuntos dos mais variados possíveis. As pessoas se identificam por apelidos (nicknames). Por meio desse serviço, o usuário pode realizar conversas públicas ou privadas com outros usuários.

Existem milhares de servidores ("lugares") disponíveis para realizar esse tipo de comunicação. Pode-se usar os bate-papos via Web (webchats) pelo acesso a um site que ofereça tal serviço, sem a necessidade de ter um programa especial, utilizando apenas o seu navegador. As teleconferências também são possíveis por meio de vários programas, tais como o Microsoft Chat, que faz parte do pacote Internet Explorer e vem incoporado ao Windows, ou por meio do mIRC, um aplicativo shareware bastante completo, que oferece muitas funções avançadas (Ver capítulo 1).

Listas de Discussão

As Listas de Discussão (Mailing Lists, Discussion Lists) funcionam como um periódico que é enviado por e-mail diretamente à caixa postal eletrônica do assinante. Cada lista de assinantes tem um tópico específico. O usuário se associa àquelas que apresentam tópicos pelos quais tem interesse (Ver Capítulo 9).

Grupos de Notícias

Os Grupos de Notícias (newsgroups), também conhecidos como Grupos de Discussão, são espaços virtuais ou foros, onde os usuários mantêm discussões sobre um tema específico. Utilizam o envio e o recebimento de mensagens públicas, disponíveis para todos (Ver Capítulo 10).

Vídeoconferências

Comunicação entre duas ou mais pessoas, que se realiza em tempo real na Internet, fia qual é transmitido vídeo, através de uma câmara especial (webcam), e som, através de um microfone comum. Para realizar uma videoconferência, é necessário ter um programa específico, como o Microsoft NetMeeting ou o CUSeeMe.

FTP - Protocolo de transferência de arquivos

O FTP (File Transfer Protocol) é um sistema utilizado na transferência de arquivos entre dois computadores conectados à Internet. Apresenta um conjunto de comandos que permitem descarregar ("baixar" ou "fazer download") da Internet milhares de documentos e programas. Pode-se também fazer upload de uma página da Web, de um micro no qual ela foi montada para o servidor onde ela ficará hospedada.

Um programa de FTP mostra a árvore de diretórios de um computador remoto. Muitas vezes, os aplicativos são gratuitos e podem ser acessados; outras vezes, a cópia de arquivos não é permitida. Os servidores FTP públicos são conhecidos como "login anonymous". Permitem que qualquer um faça a conexão como "anônimo", sem possuir uma conta especial ou uma senha. Os arquivos disponibilizados para download estão localizados em uma pasta pública (\pub).

A utilização do FTP pode ser realizada a partir de um browser (navegador) Web, dando cliques em links que se conectam com sites

FTP. Também é possível inserir o endereço FTP diretamente na caixa de endereço na forma de um URL que começa com "fIp:1" e, em seguida, o endereço da Internet do site FTP. Para fazer o upload de arquivos é necessária a utilização de um programa FTP, como, por exemplo, o CUTEFTP (http:lw.cuteftp.com) ou o WS-FTP PRO (hUpWw~ipswitch.com).

Telnet - Rede de teletipos

A Telnet (Teletype Network) é um serviço que permite ao usuário a conexão em tempo compartilhado com computadores remotos. Diferente da Web, entretanto, a Telnet não suporta uma interface gráfica. Emprega obscuros comandos no teclado, como manter pressionada a tecla Ctrl e outras teclas simultaneamente, o que pode frustrar e dificultar a sua utilização após ter utilizado a elegância e simplicidade da Web.

Para superar essas dificuldades, os administradores de muitos dos sites Telnet estão disponibilizando os seus serviços via Web. Existem recursos na Internet - como catálogos de bibliotecas e serviços de informações exclusivas - que estão apenas, ou principalmente, disponíveis via Telnet.

É necessário um programa específico para rodar sessões da Telnet. Esse programa está presente no Windows. Para executá-lo, é preciso clicar em Iniciar Executar, digitar telnet na caixa de diálogo. Abrir e dar um clique em OK. E encontrado também no site Tucows: (http:lw.tucows.com/).

Muitos olham a Internet como o modelo do negócio do futuro. Antes que isso possa acontecer plenamente, os usuários terão que se sentir seguros na transmissão de dados pessoais, como o número de cartão de crédito. Devido à própria tecnologia, os dados passam por diversos computadores antes de chegar ao destinatário, havendo assim possibilidade de serem interceptados. Apesar dessa prática não ser muito comum, os esforços para tentar evitar esse tipo de situação têm sido tremendos e grandes quantias de dinheiro têm sido gastas para tornar a Internet 100% segura.

Segurança

A segurança é conseguida através de uma tecnologia chamada encriptação. Um software codifica uma mensagem (cifra) no computador de origem, que posteriormente é decodificada (decifra) pelo computador receptor. Desse modo, se os dados forem interceptados no caminho, não poderão ser visualizados, pois trafegam na Internet de forma criptografada. Atualmente existem duas tecnologias de encriptação que são amplamente utilizadas no comércio eletrônico: a SSL (Secure Sockets Layer - desenvolvida pela Netscape) e a SET (Secure Eletronic Transactions - desenvolvida pela Mastercard e Visa). Nas páginas da Web em que os dados são criptografados, o endereço do site (visível na barra de endereços do browser) não começará com http:l, e sim com https:l. Isso acontece porque os servidores seguros utilizam um protocolo especial chamado HTTPS (Secure Hyper Text Transfer Protocol - Protocolo Seguro de Transferência de Hipertexto), que garante o sigilo das informações. Além disso, durante a navegação nestas páginas aparecerá um ícone de segurança na barra de Status do navegador (no Internet Explorer representado por um cadeado e no Netscape, por uma chave),

Para aumentar a segurança das transações na

Internet e a proteção dos dados pessoais, é importante que o usuário utilize sempre a última versão disponível do browser e que instale todas as atualizações disponibilizadas pelo fabricante. É recomendável também a instalação de um firewall -software que bloqueia o tráfego de informações não autorizadas pelo usuário. Entre os mais populares estão: o Norton Personal Firewall http://www.symantec.com e os freewares Zone alarms http://zonelabs.com) Sygate Personal Firewall http://www.sygate.com/

Privacidade

A Internet está se tornando o meio de transmissão de comunicações mais utilizado. No entanto, ela não é regulamentada. Com o crescimento exponencial da Internet, as entidades governamentais estão examinando esse problema com cada vez maiores preocupações. Como a regulamentação de milhares de computadores não é, em termos práticos, uma tarefa muito fácil, os usuários e detentores de conteúdos na Internet estão cada vez mais sujeitos à invasão da privacidade por parte de pessoas com conhecimentos tecnológicos. Uma forma de o usuário comum se precaver passa pela utilização da tecnologia de encriptação nos documentos mais sensíveis. Para isso tem ao seu dispor o PGP (Pretty Good Privacy) (http:w.pgpi.org), uma tecnologia de encriptação que, através de software, cifra a mensagem utilizando a chave pública do destinatário. Ao receber a mensagem encriptada o destinatário utiliza a sua chave privada para decifrar a mensagem (Ver também segurança do e-mail Capítulo 8).

Vírus

Como a Internet está sendo cada vez mais utilizada como meio de troca de arquivos entre usuários, o risco de "ser infectado" por um vírus informático tem aumentado consideravelmente. Um vírus é um programa que ataca arquivos e redes, muitas vezes só fazendo aparecer uma mensagem estranha na tela, outras vezes provocando danos aos arquivos ou até ao hardware (Ver glossário). Para prevenir contra um ataque dos tão indesejados vírus, é importante averiguar se o arquivo é de origem segura, mas, acima de tudo, executar um programa antivírus atualizado, que poderá ser descarregado livremente da Internet.

Para diminuir os riscos de contaminação no seu computador bastam alguns cuidados simples:

• Instalar um antivírus no micro e atualizá-lo no mínimo uma vez por semana.

• Nunca abrir disquetes sem submetê-los ao antivírus.

• Não abrir arquivos anexados ao e-mail se não soullber do que se trata e principalmente se tiverem as terminações: ".exe", com", vbs", ".bat" e ".asp".

• Se utilizar o Office 9712000/XP, ligar a opção "Segurança de Macro"

• (menu Ferramentas lOpções na aba Segurança > Segurança de Macro).

• Depois de apagar um e-mail suspeito ou contaminado na pasta de entrada, apagá-lo também na pasta de mensagens eliminadas.

Seu botão de pesquisa se liga a algumas ferramentas de busca, mas você não tem que usar apenas estas. Elas foram selecionadas por seu provedor por razões comerciais e podem não ser as melhores ferramentas para todas as suas pesquisas. Os diferentes diretórios e ferramentas de pesquisa são bons para objetivos diferentes. Tente as mesmas buscas neles para verificar qual traz os melhores resultados para suas pesquisas.

Os diretórios são compilados por seres humanos que cadastram os sites nas seções apropriadas. Isto significa que você pode pesquisar uma determinada categoria ou digitar palavras-chave para uma pesquisa. Embora, multas vezes, evitem as combinações irrelevantes, os diretórios podem ser pequenos e trazer resultados menos abrangentes que as ferramentas de busca. Estas rodam automaticamente, visitando um enorme número de sites e newsgroups, atualizando constantemente seu conteúdo.

Elas pesquisam combinações de palavras, em vez de conteúdo e isto pode resultar em uma grande quantidade de documentos irrelevantes.

Uma boa maneira de descobrir qual ferramenta de busca produz melhores resultados para uma busca especifica é usar uma ferramenta de meta busca como o Miner http:// w.miner.com.br. Ela envia sua pesquisa a 8 outros sites de busca ao mesmo tempo, e então lhe mostra os resultados. Não é incomum ter uma pesquisa em que uma ferramenta de busca resulta em nenhuma combinação enquanto outra traz centenas. O Miner é uma maneira rápida de encontrar o que parece se ajustar melhor à sua pesquisa em particular. Você pode, até, determinar a ordem na qual sua busca será enviada para as ferramentas de busca. Como todas as ferramentas de busca, o Miner tem uma excelente seção de ajuda, que explica em detalhes como é o seu funcionamento. Talvez, o melhor conselho seja:

Na outra ponta da escala destas ferramentas de busca gigantescas, estão algumas mais específicas. Elas podem ser úteis se você deseja limitar sua pesquisa a uma área geográfica ou a provedores específicos como universidades ou organizações médicas.

Recursos geograficamente especificos concentram-se em uma área determinada do mundo. Grandes diretórios como o Yahoo! têm seções específicas para os países (no Brasil, http:// w.yahoo.com.br). A maioria dos países e continentes tem ferramentas de busca que são especificas para eles como, por exemplo, para a Inglaterra, Euroferret http://www.euroferret.com UK Max http://www.ukmax.com UK Plus http://www.ukplus.co.uk Para o Brasil temos o Cadê http://www.cade.com.br

Alguns combinam seleções geográficas com outros critérios. O Diretório Acadêmico inglês http://acdc.hensa.ac.uk tem a opção de somente pesquisar páginas da Web da Internet Acadêmica da Grã-Bretanha. No Brasil temos o Brasil Faculdades http://brasilfaculclades.com.br.

Para alguns tipos de informações, sites acadêmicos são um bom ponto de partida. Assim como fornecem informações abrangentes, precisas e atualizadas, eles costumam ter links para outros sites considerados valiosos. Excelentes pontos de partida para isto são:

No mundo:

The Pinakes - o nome que foi dado ao catálogo da

Biblioteca de Alexandria é o mesmo deste portal para a Internet acadêmica.
http://www.hw.ac.uk/libWWW/irn/pinakes/pinakes.html ;

BUBL - atua como um serviço de informações para a comunidade acadêmica da Grã-Bretanha. Existem links daqui para sites que tratam de todos os assuntos http://.bubl.ac.uk;

The Scholariy Societies - um projeto de uma universidade canadense, que lista e fornece links de sociedades escolares sobre todos os assuntos em qualquer lugar do mundo hffp:lw.lib.uwaterloo.ca/society/overview.htmi.

No Brasil:

w.usp.br; w.ufpr.br; w.ufb.br; w.uerj.br; w.unb.br;

No site http://faculdade.com.br você pode acessar um guia com sites de faculdades diversas em todo o país.

Guias da Web

Você geralmente escolhe um livro, filme ou peça a partir das recomendações de outras pessoas. Na Web existe uma infinidade de guias que fazem resenhas de sites. Estes podem ser de organizações de mídia como da BBC ou Globo, grupos de estudantes, organizações que promovem uso familiar da Internet e de sites pessoais. As home pages dos provedores de acesso e das ferramentas de pesquisa, freqüentemente, incluem uma seção de guia abaixo de seus cabeçalhos como Novidades.

Tais guias são úteis como uma introdução geral à

Internet já que eles destacam sites que valem a pena. Os guias diferem das ferramentas de busca já que eles julgam a qualidade das informações. A inclusão de um site quer dizer que ele é recomendado. http://www.beto.filho.nom.br/bfwguia/ por exemplo, é um guia de sites na web. Como nos portais acadêmicos, porque começar arranhando o assunto quando você pode usar as buscas de outros que têm mais tempo, experiência e especialização.

A linguagem é tão cheia de ambigüidades que nem sempre é entendida pelas pesquisas de computadores. Tanto quanto usar o site de pesquisa certo, você também tem que pensar em como colocar as palavras-chave para ajudar a ferramenta de busca a reconhecer o que você está realmente procurando. Muitas ferramentas de pesquisa permitem que você limite sua pesquisa e inclua ou exclua coisas usando, por exemplo, a simples opção de combinar qualquer, ou todas as palavras-chave. Os detalhes estão nas respectivas seções de help. Ferramentas diferentes oferecem diferentes opções para refinar a pesquisa.

Se você está obtendo muitas, ou poucas combinações, gaste um pouco de tempo verificando as seções de ajuda. Uma maneira comum é usar as palavras como a seguir:

Pesquisa de uma única palavra-chave: escola

Esta pesquisa retornará todos os objetos contendo a palavra escola.

Pesquisa booleana: escola e primária

Esta pesquisa retornará todos os objetos que contêm ambos as palavras em qualquer lugar no objeto e em qualquer ordem.

Pesquisa booleana negativa: escola e não primária

Esta pesquisa retornará todos os objetos que contêm a palavra escola e não contêm a palavra primaria.

Pesquisa de frase: "escola primária"

Esta pesquisa retornará todos os objetos que contêm escola primária como uma frase.

Se você usar uma meta busca, ela tentará traduzir sua sintaxe de busca para aquela que será reconhecida por cada ferramenta para a qual a busca está sendo enviada.

Ferramentas de busca como AltaVista http:// w.altavista.com.br permitem que você faça uma pergunta em português comum e, então, oferecem uma série de tópicos para serem pesquisados. Isto permite que você vela como suas palavras estão sendo interpretadas. Por exemplo, em resposta à questão O que são flores? É entendido que o pesquisador está interessado em poesia e a maioria das opções estão relacionadas a isto, mas também, são oferecidos links para informações sobre flores e endereços de floriculturas.

O resultado de uma outra pesquisa, feita em Inglês, no

Ask Jeeves (wwwai.com) partindo da pergunta: How do bees flies? (como as abelhas voam?).

Os sites de busca fazem mais do que apenas pesquisar. Estão todos eles tentando atrair visitantes, para que possam se gabar de um enorme número de usuários para mostrar aos anunciantes. Eles conseguem isso oferecendo algo extra, que esperam fazer com que os usuários voltem e, freqüentemente, tentam obter informações sobre você neste processo. A maioria tem uma política de privacidade bastante clara e compromete-se a não vender seus detalhes pessoais aos anunciantes. É claro que nada impede que você invente identidades para se registrar nestes sites.

Você pode personalizar as home pages dos sites de busca para que elas reflitam seus interesses. Você pode, também, obter contas de e-mail grátis, assinar newsletters que manterão você atualizado, por exemplo, nas últimas notícias, programação de TV ou resultados de loterias.

Um dos melhores "extras" oferecidos é a opção de tradução do AltaVista. Você pode usá-la para traduzir frases ou cartas própr' as, ou para traduzir uma página inteira da Web. O serviço de tradução está em http://babeifish.altavista.com ou selecione a opção translate que aparece com os resultados de busca do AltaVista.

Faça as coisas importantes trabalharem a seu favor

Tente todos os sites de busca e gulas mencionados neste capítulo com a mesma pesquisa e veja os diferentes resultados:

http:lw.miner.com.br http://www.yahoo.com.br http:lw.cade.com.br http:lw.altavista.com http:lw.altavista.com.br http:lw.excite.com http://acdc.hensa.ac.uk http:lw.ai.com http:lw.bubl.ac.uk http://www.eevi.ac.uk http:lw.euroferret.com http:lw.ukmax.com http://www.ukplus.co.uk http://www.yahoo.com

Imprima as seções de ajuda e dicas de buscas avançadas das ferramentas de pesquisa que você mais gostar;

Experimente incluir e excluir palavras das pesquisas e ver como isto afeta seus resultados. Tente colocar sua frase entre " " (aspas) e compare estes resultados com uma pesquisa com a mesma frase sem as aspas duplas; Personalize sua horne page do Yahoo! ou do Miner para ver como funciona;

Veja em http://.searchenginewatch.com e compare as ferramentas de busca, descubra mais sobre como pesquisar na Web ou acesse tutoriais de pesquisas. Registre-se para receber uma newsletter gratuita para mantê-lo atualizado com o desenvolvimento das ferramentas de busca.

São programas para obter acesso a itens disponíveis na W. Interpretam os dados de um site indicado, exibindo na tela do computador textos, sons, imagens e animações. Os Navegadores Web (browsers) permitem examinar as inúmeras fontes de informação, comunicação e software que estão na Internet e navegar por elas. Os dois browsers mais populares são o Microsoft Internet Explorer e o Netscape Navigator, os quais apresentam funções similares e tornam a navegação pela Web um processo simples e agradável, além de rápido e eficiente. Por ser o mais empregado, descrevem-se detalhes para o uso do Microsoft Internet Explorer.

Internet Explorer e Firefox

INTERNET EXPLORER 5

Resultou da evolução de um sistema criado em 1969 para facilitar a troca de informações militares entre cientistas e pesquisadores localizados em diversas partes do mundo.

Uma rede simples de apenas quatro computadores foi então desenvolvida, chamada de DARPANET.

O sistema obteve sucesso, em 1972 contava com 37 computadores, tendo mudado de nome para ARPANET, e sua utilização não era somente para informações importantes, os usários começaram a enviar mensagens eletrônicas por meio de caixas de correio pessoais.

Em 1983, a rede cresceu tanto, que o setor militar mudou-se para uma rede exclusiva, chamada MILNET.

Em 1984, uma empresa governamental americana (Fundação Nacional de Ciências), criou a NSFNET capaz de interligar cinco centros de supercomputadores e tornar suas informações disponíveis a toda instalação educacional, que já era uma idéia da ARPANET.

O sistema foi eficiente a ponto de ser preciso sofrer uma reforma de infraestrutura em 1987, devido ao grande número de pessoas que utilizavam a NSFNET.

Passou a ser acessível para qualquer instituição educacional, pesquisador acadêmico, funcionário do governo ou organização internacional de pesquisa.

Durante muito tempo permaneceu restrita à comunidade acadêmica, sendo liberada nos últimos três anos ao público em geral.

No Brasil, a rede chegou em 1988 para uso de pesquisadores, em seguida espalhando-se pelas universidades.

Mas foi em 1995, que diversas empresas passaram a vender o acesso à rede, possibilitando assim a conexão dos consumidores.

Atualmente a Internet é uma grande teia, que integra equipamentos de todos os tipos e tamanhos, multiplicando o poder de cada um por milhares de vezes.

Não se pode quantificar com precisão o número de usuários, estima-se em torno de 60 milhões, crescendo dia após dia.

Os computadores da Internet (chamados

Servidores), não são microcomputadores e sim computadores de grande porte, tendo como base os sistemas operacionais UNIX ou AIX.

Dessa maneira a conexão de um microcomputador com um servidor Internet deverá ser feita através de um intermediário que possui equipamento capaz de conversar (conectar) com o sistema operacional de grande p orte (chamado de Provedor Internet).

Para conectar-se a um provedor de Internet é necessário um linha telefônica convencional (de preferência uma linha digital) e um modem, a conexão provedor – servidor Internet é feita através de cabos, conhecida como Link ou Canal.

A velocidade do Link é muito importante, pois dela dependerá a velocidade de comunicação entre o provedor Internet e o servidor o qual está conectado.

Um provedor Internet fornece acesso simultâneo a diversos usuários, isto significa que quanto maior o número de usuários, maior o número de informações que circulam pelo link (Canal), tornando lenta a conexão individual, pois a velocidade do Link será dividida.

Outro fator que deve ser levado em consideração é a velocidade do modem que fará a conexão com o provedor Internet, atualmente variando de 28.800 bps a 3.600 bps ou maior.

A velocidade de comunicação é muito importante, e depende do tipo de cabo de conexão e velocidade do canal.

Os cabos de conexão podem ser comuns, tornando a navegação lenta, ou de fibra ótica para uma navegação mais rápida.

A velocidade do canal tem valores de 64 kbps, 128 kbps, 256 kbps, 512 kbps e 1Mbps.

Sabendo-se a quantidade de usuários simultâneos que o provedor pode ter, obteremos a relação linha/link que determinará a rapidez do provedor Internet.

É necessário o software de comunicação Internet

(Trumpet Winsock) e o software de navegação chamado de browser (Netscape, Mosaic, Internet Explorer, etc...)

Telnet é a ferramenta que permite aos usuários conectar-se a outro computador na internet e usá-lo como se estivesse diretamente conectado a ele.

Para usar o telnet é necessário ter permissão de acesso, geralmente na forma de uma conta no sistema em questão.

FTP (FILE TRANSFER PROTOCOL – Protocolo de Transferência de Arquivo)

Troca de arquivos entre dois computadores ligados na Internet.

Esses arquivos podem ser programas shareware, atualizações de produtos, sendo que alguns são permitidos apenas a usuários autorizados.

Esse ato de busca de arquivo é chamado de Download.

E-MAIL (Correio Eletrônico)

Utilizado para troca de mensagens particulares com qualquer pessoa que faça parte da rede mundial, sendo que somente o destinatário poderá ler, pois cada computador tem um endereço na rede.

O sistema utilizado é o de caixa postal, portanto a mensagem ficará em uma caixa postal no provedor Internet do destinatário.

Usenet é outra maneira de trocar mensagens, porém abertas a todos os usuários.

Contém diversas áreas chamadas de newsgroups ou conferência

As conferências são classificadas em 6 tipos:

ALT – Alternativas COMP – Computadores NEWS – Notícias REC – Lazer em geral SCI – Ciências SOC – Sociedade

Permite o bate-papo ao vivo entre usuários da

Internet, sendo dividido em áreas de conversação chamadas de canais, onde usuários com interesses comuns se comunicam.

Sistema gráfico utilizado na Internet, onde o acesso é feito através de páginas interativas conduzindo o usuários a outras páginas e assim por diante.

Essas páginas são chamadas de " Home Pages " ou " Páginas HTML "

Atualmente na Internet diversas instituições possuem páginas W, como bibliotecas, museus, universidades e até mesmo usuários.

Os servidores W são diferentes em termos de estrutura dos servidores Internet, pois possuem um endereço diferente, todo os endereços de W (páginas gráficas) começam com http://, também conhecidos como endereços URL

Há vários servidores W responsáveis por "índices" das home pages, facilitando assim a localização de uma determinada página com a função procura (Net Search) por uma palavra chave ou tópico de assunto.

O acesso a páginas W é feita através de programas chamados de browser tais como:

Mosaic, Netscape, Internet Explore, devendo ser utilizado um ambiente gráfico tipo Windows, OS2, etc...

Barra de TítuloBarra de Menu

Este ícone indica o recebimento de dados quando animado

Exibe o endereço atual da página e permite alteração

Páginas da WEB

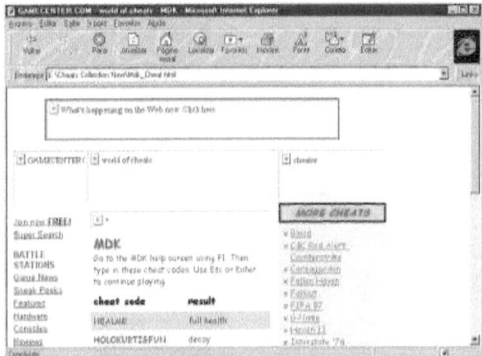

Hyperlink

Barra de Rolagem

Barra de Ferramentas

Barra de Status

O Explorer é um programa (navegador, Browser) usado para visualizar documentos no formato HTML.

Ele é capaz de interpretar os documentos HTML, exibindo-os de maneira interativa com o usuário.

Possui recursos específicos para facilitar e agilizar a navegação na W.

Descrição do ícones da barra de ferramentas:

Botões Voltar e Avançar

Permite avançar para a página seguinte ou retornar para a anterior.

Botão Parar Cancela o carregamento da página.

Botão Atualizar Carrega novamente a página exibida.

Botão Página Inicial

Retorna para a página definida como inicial.

Botão Localizar Acessa programas de busca.

Botão favoritos

Permite o acesso aos sites definidos como favoritos, agilizando a busca.

Botão Imprimir Imprime a página atual.

Botão fonte

Permite alterar o tipo, tamanho e estilo de letra evisualizada.

Botão Correio

Para acessar mensagens de e-mail e newsgroups.

Botão Editar

Permite a alteração ou criação de páginas WEB.

Outros Elementos da tela do Explorer.

Barra de Título

Indica o nome da página aberta e do programa.

Barra de Menu

Contém os menus das funções do programa.

Barra de Rolagem

Permite acessar áreas não visíveis na tela, através da rolagem da página.

Barra de Status

Indica o andamento das operações, bem como o seu término.

Hyperlink

Através de uma palavra ou símbolo destacado, permite o acesso rápido a outras páginas.

Ao passar com o mouse em cima do hyperlink, este assume a forma de mãozinha.

Para iniciar o Microsoft Internet Explorer, deve-se clicar duas vezes sobre o ícone que se encontra sobre a sua área de trabalho. Do lado superior direito da janela do browser, encontra-se o logotipo do Windows. Sabemos que o browser está conectado a um computador remoto (conhecido como Servidor) quando este símbolo está em movimento. Após estabelecer esse contato, o browser descarrega esses dados para o computador local, podendo então ser visualizados na tela. Esse processo poderá ser influenciado por diversos fatores, entre os quais: a velocidade do seu modem, a velocidade do link do seu provedor de serviços da Internet, o tamanho do arquivo que está sendo descarregado, o número de computadores conectados ao mesmo servidor e o tráfego (número de usuários) na Internet. Embaixo da janela do browser, à esquerda, encontramos um indicador de status, onde se poderá observar o progresso das trocas que estão sendo efetuadas entre o seu computador e o computador remoto.

Navegando através da barra de ferramentas (Toolbar)

Digite aqui o endereço (URL) do site que você quer visitar. Uma vez digitado, pressione "Enter"

Existe um conjunto de botões na barra de ferramentas do browser (topo da janela) que permitem diferentes funções:

Voltar/Back: volta para a última página visitada. Avançar/Forward: avança para a página seguinte. Parar/Stop: interrompe o carregamento da página.

Atualizar/Refresh: volta a carregar a página que está na tela. Muitas vezes os elementos da página não são descarregados corretamente devido a uma interrupção na comunicação.

Página inicial/Horne: retorna para a página que tem pré-definida como página inicial no browser.

Pesquisar/Search: pressionando este botão, o usuário poderá utilizar um conjunto de diretórios e mecanismos de pesquisa da Internet para encontrar um determinado tema.

Favoritos/Favorites: aqui o usuário poderá arquivar e encontrar endereços que deseja visitar novamente. Para colocar um favorito, basta estar no site cujo endereço pretende guardar e clicar o menu "Favoritos", escolhendo em seguida "Adicionar".

Histórico/History: local onde são registrados e armazenados os endereços da Web que já foram visitados. Para acessar algum deles, você simplesmente terá que clicar sobre o endereço do site correspondente. O

Histórico é organizado por dias e pastas. Passado algum tempo (determinado pelo usuário), esses registros se apagam.

Correio/Mali: abre o programa cliente para operar algumas funções do correio eletrônico (Outlook Express).

Imprimir/Print: permite a impressão da página que se encontra visível.

O pacote Netscape é composto pelo Netscape

Navigator (navegador), Netscape Mail (programa de correio eletrônico), Netscape Instant Messenger (programa de mensagens instantâneas), Netscape Composer (editor de documentos HTML) e o Netscape Address Book (livro de endereços). As últimas versões que utilizam o motor Mozilla (de código fonte disponível ao público) somente estão disponíveis em inglês e podem ser copiadas a partir do seguinte endereço: http:l/w.browsers.netscape.com

Além do Internet Explorer e do Netscape Navigator, existem dezenas de navegadores Web diferentes, que podem ser copiados da Internet. Os mais conhecidos são:

Opera - http://www.opera.com Mais popular dos browsers alternativos, é um programa pequeno que permite uma navegação muito rápida, com várias janelas ao mesmo tempo, ordenadas uma ao lado da outra. É possível personalizar a interface do programa através de peles (skins), botões e painéis. Funciona a partir de computadores PC 386 com 6 MB de memória (na versão sem suporte a Java). Custa US$ 39,0 para registrar, após o primeiro mês de uso gratuito.

Neoplanet - (http:lw.neoplanet.com/site/products/index.html). Apresenta um visual bastante diferente, sendo possível personalizá-lo pelo uso de peles. Gratuito, requer o Microsoft Internet Explorer versão 4.O ou superior.

NetCaptor - http://www.netcaptor.com Abre várias janelas ao mesmo tempo e alterna a leitura das páginas como se elas estivessem num fichário. Shareivare (US$ 29,95), gratuito por 30 dias.

PolyWeb - http://www.psibersoft.com/software.htm É um programa que permite navegar por diversos sites ao mesmo tempo, todos dispostos e rodando na mesma tela, como se fosse uma TV com inúmeros canais. O PoIyWeb é leve, tem poucos comandos, é fácil de usar e é gratuito.

São programas auxiliares que fornecem capacidades adicionais ao navegador (browser), como visualizar, ouvir ou salvar arquivos especialmente formatados. A maioria dos plug-ins está disponível gratuitamente na Internet. Estes programas devem ser descarregados (download) e constantemente atualizados, pois freqüentemente surgem novas versões. Os mais empregados são:

Adobe Acrobat Reader

Um grande número de sites na Web disponibiliza documentos no formato PDF (Portable Document Format). Para serem lidos ou impressos, esses arquivos necessitam de um programa de controle de impress~o-1 o Acrobat. Os documentos PDF são compostos por textos e imagens de alta qualidade que possuem a mesma aparência dos documentos impressos. Além disso, os arquivos apresentam tamanho reduzido, podendo ser facilmente distribuídos através da Internet.

Disponível: http:lw.adobe.com.br/products/acrobat

Licença: livre RealPlayer Basic

O RealPlayer é um aplicativo desenvolvido pela Real

Networks, que permite a execução de arquivos multimídia dos mais diversos formatos, tanto aqueles que estejam armazenados no disco rígido quanto aqueles existentes na rede.

A tecnologia Streaming (ou "transmissão em tempo real") utilizada pelo RealPlayer permite que a informação chegue ao seu computador de forma particionada, porém continuada. Caso essa tecnologia não estivesse presente, seria necessário esperar que todo o arquivo de dados chegasse ao seu computador para depois ouvi-lo.

Disponível: http://www.real.com Licença: livre QuickTime Quíck Time

É um software empregado para ver vídeos através da

Internet e executar diversos formatos multimídia (gráficos, vídeos, sons, etc.). Auxilia na apresentação de seqüências animadas ou de vídeos sincronizados com o som. O módulo VR do QuickTime também possibilita observar vistas de 360' de objetos, paisagens, ambientes, etc.

Disponível: http://www.appIe.com/quicktIme Licença: livre Shockwave e Flash

Plug-in gratuito, desenvolvido pela empresa

Macromedia, é um dos formatos padrões para animações com som. Em w.shockwave.com é possível encontrar jogos on-line e apresentações feitas com o software. A tecnologia Flash, também da Macromedia, permite executar conteúdos interativos e multimídia em páginas da Web. Os conteúdos desenvolvidos para ambos possuem tamanho pequeno, desenho atraente e muita versatilidade. Na versão 5 ou posterior do Internet Explorer, a tecnologia Macromedia já está incluída.

Disponível: http://www.macromedia.com Licença: livre WinZip

O WinZip é o software de compactação mais popular da atualidade. Ele passa a ser indispensável, no momento em que a maioria dos arquivos presentes na Internet encontram-se compactados no padrão Zip. Como o tamanho dos arquivos é reduzido, diminui-se o tempo gasto para efetuar uma transferência de arquivos. O WinZip trabalha conjuntamente com o Windows Explorer e com programas clientes de e-mail.

Disponível: http://www.winzip.com Licença: shareware (US$ 29,0)

Windows Media Player

O Windows Media Player é um dos componentes do

Windows Millennium Edition que permite escutar música no computador, converter trilhas de um CD musical em arquivos MP3, executar vídeos e conferências, transferir arquivos MP3 para um dispositivo portátil, criar listas de música para execução de forma automática, etc.

O Windows Media Player vem instalado automaticamente no sistema operacional e para abri-lo deve-se dirigir a Iniciar/Programas/Windows Media Player.

Disponível: http:/Iwww.microsoft.com/brasil/windowsmedialdefault.asp

Licença: livre OUTROS PROGRAMAS ÚTEIS

A utilização de boas ferramentas de busca é tarefa obrigatória para os internautas que não querem perder tempo à toa. Existem programas essenciais que permitem usufruir o máximo do poder de utilização dos sites favoritos.

Copernic

É uma ferramenta que permite acionar vários serviços de busca da Web, como AltaVista, Google, Excite, WebiCrawIer, lnfoseek, Yahoo!, Lycos e outros definidos pelo usuário. Além de armazenar os resultados obtidos no disco rígido, organiza-os e remove as duplicatas automaticamente. As páginas correspondentes aos resultados da bu~ca podem ser descarregadas para o computador para que possam ser acéssadas offiline, poupando o tempo de conexão. Além de pesquisar informações na Web o Copernic permite executar buscas em Grupos de Notícias e catálogos de e-mails. O Coperníc conta com uma versão em português que faz buscas em sites brasileiros. É possível também traduzir os resultados, inclusive para o português.

O Copernic pode ser descarregado a partir do endereço:

http://www.copernic.com

Para realizar uma pesquisa basta clicar em Search.

Após, deve-se selecionar a categoria desejada, digitar as palavraschave a serem pesquisadas, selecionar o tipo de pesquisa e clicar em Search Now.

A versão gratuita pesquisa em 80 fontes de informação, que se encontram subdivididas em 7 categorias, enquanto que as versões pagas (Copernic Plus e Copernic Pro) oferecem mais de 1000 fontes distribuídas em 90 categorias.

Um programa que executa serviços semelhantes ao

Copernic é o Bullseye

(http:l/w.intelliseek.com/prodlbullseye/bullseye.ht m), que aciona mais de 700 mecanismos de busca em diversas categorias e filtra os resultados. As versões mais recentes permitem buscas por língua e região geográfica.

O lCQ (em inglês,"I seek you") é um programa de mensagens instantâneas que permite ao usuário se comunicar com seus colegas e amigos em tempo real. Para procurar por uma pessoa conhecida na rede ICQ, basta simplesmente inserir o número de lCQ dele/a, ou nome, ou apelido, ou endereço de e-mail. Assim que sua lista de contatos estiver configurada, você será notificado quando seus amigos estiverem on-line, permitindo então iniciar um chat, enviar mensagens instantâneas, arquivos, URI-s e até jogar jogos on-line.

Correio eletrônico

O correio eletrônico ou e-mail é uma ferramenta usada para enviar e receber mensagens de maneira instantânea através da Internet. É um serviço gratuito e é possível incluir fotografias ou arquivos de todo tipo nas mensagens.

O correio electrónico (igualmente conhecido pelo nome de e-mail, que é a forma abreviada do termo inglês electronic mail) é um serviço que permite trocar mensagens através de sistemas de comunicação electrónicos. O conceito é principalmente usado para fazer alusão ao sistema que proporciona este serviço através da Internet mediante o protocolo SMTP (Simple Mail Transfer Protocol), mas também permite fazer referência a outros sistemas similares que recorrem a várias tecnologias. As mensagens de correio electrónico possibilitam o envio, não só de textos, como de qualquer tipo de documento digital (imagens, vídeos, áudios, etc.).

O funcionamento do correio electrónico assemelha-se ao do correio postal (tradicional). Ambos permitem enviar e receber mensagens, as quais chegam ao destino graças à existência de um endereço. O correio electrónico também tem as suas próprias caixas de correio: são os servidores que guardam temporariamente as mensagens até que o destinatário as reveja.

Foi o Americano Ray Tomlinson quem se lembrou de incluir o "arroba" (@) nos endereços de correio electrónico, com o intuito de separar o nome do utilizador do servidor no qual fica alojada a caixa de correio. A explicação é simples: @, em inglês, pronuncia-se at, o que significa "em". Por exemplo: carlos@servidor.com lê-se carlos at servidor.com (ou seja, Carlos em servidor.com).

O serviço de correio electrónico é prestado sob duas modalidades: aquela que se conhece como correio web ou webmail, em que as mensagens são enviadas e recebidas através de uma página web concebida especialmente para o efeito; e o serviço através de um cliente de e-mail, que é um programa de computador que permite fazer a gestão das mensagens recebidas e redigir novas.

Cópias de segurança (backup)

Qual é a importância de fazer cópias de segurança?

Cópias de segurança dos dados armazenados em um computador são importantes, não só para se recuperar de eventuais falhas, mas também das conseqüências de uma possível infecção por vírus, ou de uma invasão.

Quais são as formas de realizar cópias de segurança?

Cópias de segurança podem ser simples como o armazenamento de arquivos em CDs ou DVDs, ou mais complexas como o espelhamento de um disco rígido inteiro em um outro disco de um computador.

Atualmente, uma unidade gravadora de CDs/DVDs e um *software* que possibilite copiar dados para um CD/DVD são suficientes para que a maior parte dos usuários de computadores realizem suas cópias de segurança.

Também existem equipamentos e *softwares* mais sofisticados e específicos que, dentre outras atividades, automatizam todo o processo de realização de cópias de segurança, praticamente sem intervenção do usuário. A utilização de tais equipamentos e *softwares* envolve custos mais elevados e depende de necessidades particulares de cada usuário.

Com que freqüência devo fazer cópias de segurança?

A freqüência com que é realizada uma cópia de segurança e a quantidade de dados armazenados neste processo depende da periodicidade com que o usuário cria ou modifica arquivos. Cada usuário deve criar sua própria política para a realização de cópias de segurança.

Que cuidados devo ter com as cópias de segurança?

Os cuidados com cópias de segurança dependem das necessidades do usuário. O usuário deve procurar responder algumas perguntas antes de adotar um ou mais cuidados com suas cópias de segurança:

- Que informações realmente importantes precisam estar armazenadas em minhas cópias de segurança?
- Quais seriam as conseqüências/prejuízos, caso minhas cópias de segurança fossem destruídas ou danificadas?
- O que aconteceria se minhas cópias de segurança fossem furtadas?

Baseado nas respostas para as perguntas anteriores, um usuário deve atribuir maior ou menor importância a cada um dos cuidados discutidos abaixo.

Escolha dos dados. Cópias de segurança devem conter apenas arquivos confiáveis do usuário, ou seja, que não contenham vírus e nem sejam algum outro tipo de *malware*. Arquivos do sistema operacional e que façam parte da instalação dos *softwares* de um computador não devem fazer parte das cópias de segurança. Eles podem ter sido modificados ou substituídos por versões maliciosas, que quando restauradas podem trazer uma série de problemas de segurança para um computador. O sistema operacional e os *softwares* de um computador podem ser reinstalados de mídias confiáveis, fornecidas por fabricantes confiáveis.

Mídia utilizada. A escolha da mídia para a realização da cópia de segurança é extremamente importante e depende da importância e da vida útil que a cópia deve ter. A utilização de alguns disquetes para armazenar um pequeno volume de dados que estão sendo modificados constantemente é perfeitamente viável. Mas um grande volume de dados, de maior importância, que deve perdurar por longos períodos, deve ser armazenado em mídias mais confiáveis, como por exemplo os CDs ou DVDs.

Local de armazenamento. Cópias de segurança devem ser guardadas em um local condicionado (longe de muito frio ou muito calor) e restrito, de modo que apenas pessoas autorizadas tenham acesso a este local (segurança física).

Cópia em outro local. Cópias de segurança podem ser guardadas em locais diferentes. Um exemplo seria manter uma cópia em casa e outra no escritório. Também existem empresas especializadas em manter áreas de armazenamento com cópias de segurança de seus clientes. Nestes casos é muito importante considerar a segurança física de suas cópias, como discutido no item anterior.

Criptografia dos dados. Os dados armazenados em uma cópia de segurança podem conter informações sigilosas. Neste caso, os dados que contenham informações sigilosas devem ser armazenados em algum formato criptografado.

Que cuidados devo ter ao enviar um computador para a manutenção?

É muito importante fazer cópias de segurança dos dados de um computador antes que ele apresente algum problema e seja necessário enviá-lo para manutenção ou assistência técnica.

Em muitos casos, o computador pode apresentar algum problema que impossibilite a realização de uma cópia de segurança dos dados antes de enviá-lo para a manutenção. Portanto, é muito importante que o usuário tenha disponível cópias de segurança recentes de seus dados. Não se pode descartar a possibilidade de, ao receber seu computador, ter a infeliz surpresa que todos os seus dados foram apagados durante o processo de manutenção.

Tenha sempre em mente que procurar uma assistência técnica de confiança é fundamental, principalmente se existirem dados sensíveis armazenados em seu computador, como declaração de Imposto de Renda, documentos e outras informações sigilosas, certificados digitais, entre outros.

Conceito, organização e gerenciamento de informações, Arquivos, pastas e programas

Como muitos usuários estão habituados a utilizar o Windows Explorer no Windows 98, vamos abordar aqui também as diferenças entre a versão mais antiga e a versão que acompanha o Windows XP, o objetivo é evitar confusão no momento de responder uma questão, já que existem diferenças entre as versões.

Definição

Do Inglês – Explorador de Janelas, o Windows Explorer é o programa para gerenciamento de discos, pastas e arquivos no ambiente Windows.

É utilizado para a cópia, exclusão, organização e movimentação de arquivos além de criação, movimentação, exclusão e gerenciamento de pastas.

Acesso

Para acessar o Windows Explorer no Windows 98, o usuário deve clicar no menu Iniciar do Windows e em seguida posicionar o apontador do mouse na opção Programas, no menu que se abre clicar em Windows Explorer, o ícone associado a ela aparece abaixo. Para acessar o Windows Explorer no Windows XP, o usuário deve clicar no menu Iniciar do Windows e em seguida posicionar o apontador do mouse na opção Todos os Programas, no menu que se abre posicionar o apontador do mouse em Acessórios, clicar em Windows Explorer, o ícone associado é o mesmo Aparência

Do lado esquerdo aparece a hierarquia das unidades de discos e pastas, quando uma unidade de disco ou pasta é selecionada à esquerda, o conteúdo desta pasta ou unidade selecionada será exibido do lado direito.

Operação
Para selecionar outra unidade de disco ou pasta, é só clicar no componente desejado do lado esquerdo, observe que o nome desta coluna é Pastas. Dependendo do componente selecionado á esquerda, o conteúdo que aparece do lado direito pode variar. Se Meu Computador estiver selecionado do lado esquerdo, do lado

direito serão exibidos os componentes que aparecem na pasta meu computador, inclusive as unidades de disco.

Se à esquerda a pasta Meus Documentos for selecionada, à direita serão exibidos as pastas e arquivos contidos em Meus Documentos.

Localizando Conteúdos (arquivos ou pastas)

Para localizar arquivos ou pastas no Windows Explorer que acompanha o Windows 98, o usuário deve clicar no menu Ferramentas e em seguida posicionar o apontador do mouse sobre a opção Localizar, no menu que se abre, clicar em arquivos ou pastas, a ferramenta Localizar será exibida. Na ferramenta localizar basta escolher o modo de pesquisa desejado (por nome do arquivo, conteúdo, etc.).

Para localizar arquivos ou pastas no Windows Explorer que acompanha o Windows XP, o usuário deve clicar no menu Arquivo e em seguida posicionar o apontador do mouse sobre a opção que fica entre duas Linhas.

Esta opção se altera conforme o item que o usuário selecionar na coluna Pastas (coluna da esquerda). A opção entre estas duas linhas no menu Arquivo será igual ao item selecionado. Após posicionar o mouse sobre esta opção do menu Arquivo o usuário deverá escolher a opção Pesquisar. A ferramenta de pesquisa do Windows XP será exibida. Na ferramenta de pesquisa basta escolher o modo de pesquisa desejado.

Criação de Arquivos e Pastas

Para criar um novo arquivo ou uma nova pasta usando o Windows Explorer, o usuário deve selecionar do lado esquerdo (coluna Pastas) o disco ou pasta onde dentro, será criado o novo item. (pasta ou arquivo).

Após a seleção, deverá clicar no menu Arquivo e depois posicionar o apontador do mouse na opção Novo, no menu que se abre escolher o item a ser criado. (pasta, atalho, arquivo do Word, etc.).

Se a escolha for Pasta, será criado um ícone de pasta do lado direito, o nome para este ícone será Nova pasta, este nome ficará selecionado aguardando que o usuário digite o nome de sua preferência. Uma pasta vazia será criada.

Se a escolha for Novo Documento do Microsoft Word, um ícone de documento do Word será criado do lado direito, o nome para este ícone será Novo Documento do Microsoft Word, este nome ficará selecionado aguardando que o usuário digite um nome de sua preferência. Um documento do Word em branco será criado.

Copiando Arquivos e Pastas

Para copiar arquivos ou pastas usando o Windows Explorer, o usuário deve clicar do lado esquerdo no item onde se encontra o arquivo ou a pasta a ser copiado. Este conteúdo será exibido do lado direito, ai então a pasta ou o arquivo a ser copiado deverá ser selecionado com um clique do mouse, depois de feita a seleção o usuário deverá clicar no menu Editar, depois, clicar em Copiar, pronto o conteúdo foi copiado. Para concluir a cópia, com um clique de mouse, escolher do lado esquerdo o disco ou pasta que receberá o conteúdo copiado. Depois de feita a escolha, clicar em Editar e depois em Colar. No destino será criada uma cópia idêntica a da origem. Se quiser copiar mais de um arquivo ao mesmo tempo, é só selecionar e executar a mesma seqüência. Se quiser copiar todo o conteúdo da origem, poderá usar o comando do menu Editar e depois Selecionar Tudo, este comando responde também pelas teclas de Atalho CTRL+A. Se ao invés de usar Copiar/Colar, for utilizado o Recortar/Colar, neste caso, o arquivo ou pasta terá sido movido da origem para o destino. Outra maneira de copiar ou mover arquivos através do Windows Explorer que acompanha o Windows XP é:

selecionando o arquivo a ser copiado ou movido, em seguida clicando no menu Editar e depois na opção Copiara para a Pasta...ou Mover para a Pasta...

Como estas duas opções possuem reticências, qualquer delas que for escolhida, abrirá uma caixa de diálogo que permite ao usuário escolher o dispositivo ou pasta de destino para onde será movido ou copiado o conteúdo selecionado. Conforme a escolha a ação será executada.

Excluindo Arquivos ou Pastas
Para excluir arquivos ou pastas basta selecionar do lado esquerdo o local onde eles estão, do lado direito selecionar os arquivos e as pastas a serem excluídos. Depois de feita a seleção clicar no menu Arquivo e em seguida em Excluir, será solicitada a confirmação de exclusão, caso positivo, os itens selecionados serão enviados para a Lixeira.

Restaurando Arquivos ou Pastas Excluídos

Caso o usuário tenha excluído arquivos ou pastas e venha a se arrepender, estes itens poderão ser restaurados da Lixeira. Basta clicar na Lixeira do lado esquerdo, da tela do Windows Explorer e o conteúdo da Lixeira será exibido do lado direito. O usuário deverá selecionar o item ou os Itens a serem restaurados, então clicar no menu Arquivo e depois em Restaurar, a restauração será feita. Os arquivos ou pastas restaurados serão devolvidos ao local de origem. (onde estavam antes da exclusão).

Outros Dispositivos

Qualquer dispositivo de armazenamento conectado ao computador será exibido no Windows Explorer, portanto o gerenciamento de arquivos neste dispositivo também poderá ser realizado. Será possível copiar arquivos de um dispositivo para outro usando o Windows Explorer.

Transferência de informação e arquivos

FTP – Protocolo de Transferência de Arquivos

FTP (abreviação para File Transfer Protocol – Protocolo de Transferência de Arquivos) é uma das mais antigas formas de interação na Internet. Com ele, você pode enviar e receber arquivos para, ou de, computadores que se caracterizam como servidores remotos. Voltaremos aqui ao conceito de arquivo texto (ASCII – código 7 bits) e arquivos não texto (Binários – código 8 bits). Há uma diferença interessante entre enviar uma mensagem de correio eletrônico e realizar transferência de um arquivo. A mensagem é sempre transferida como uma informação textual, enquanto a transferência de um arquivo pode ser caracterizada como textual (ASCII) ou não-textual (binário).

FTP – Protocolo de Transferência de Arquivos

Servidores remotos são computadores que dedicam parcial ou integralmente a sua memória aos programas que chamamos de servidores. Pelo fato destes computadores não serem o seu computador local – aquele que está em seu trabalho, seu quarto ou em um laboratório de sua universidade, é que os chamamos de remoto, indicando que estão em algum outro ponto remoto da Rede. Quem até hoje em sua vida só viu micros PCs Windows ou Macs, não deve esquecer que a Rede Mãe é uma grande coleção de computadores de todos os tipos. Cada qual com suas particularidades e, portanto, com características diferentes. Logo, um servidor remoto pode ser qualquer tipo de computador, basta que nele exista um programa que o caracterize como servidor de alguma coisa, por exemplo, FTP.

O que é um servidor de FTP?

É um computador que roda um programa que chamamos de servidor de FTP e, portanto, é capaz de se comunicar com outro computador na Rede que o esteja acessando através de um cliente FTP.

Mas afinal de contas: o que é um servidor? E um cliente?

Como tudo na Internet gira em torno do que chamamos de arquitetura cliente-servidor, quando você instala um programa que seja alguma aplicação para Internet, você obrigatoriamente estará instalando uma aplicação cliente ou uma aplicação servidor. Chamamos de cliente porque a aplicação se comunica através de solicitações de serviço. Por outro lado, podemos entender uma aplicação servidora como quem atenderá a estas solicitações e prestará o serviço adequado. Por exemplo: quando você instala o browser Netscape Navigator em seu computador, você está instalando o lado cliente da arquitetura. Completando esta arquitetura, existe, em algum outro ponto da Rede, um computador que tem instalada e executando a parte servidora. Deste modo, ao se conectar a Internet, você pode esperar que a parte servidora esteja sempre disponível e se encontre em um endereço bem conhecido. Caso contrário, a parte cliente não saberá encontrar o servidor. Mais claramente: como alguém acessaria por exemplo, o site do Guia internet.br se não soubesse que seu endereço é http://www.internetbr.com.br Portanto, não basta ter o paginador instalado em sua máquina, nem o servidor ativo em algum outro ponto da Rede, é indispensável que ele esteja em um ponto bem definido, de modo que seja possível ao cliente estabelecer a comunicação com o servidor.

Curiosidade

De um modo geral, o servidor tem sempre a possibilidade de realizar um log, arquivo texto com informações como: que computador está acessando, a duração deste acesso, os erros ocorridos durante o acesso, o que está sendo acessado e muitas outras informações. Para entender melhor este tal de log, você pode imaginá-lo como uma grande caixa preta, como nos aviões, que armazena todo o plano de vôo. Mirrors, por que eles existem? A cada dia a Internet ganha uma dimensão tão grande, que muitas vezes é interessante replicar as informações em diversos computadores ao redor do mundo de modo que a performance do acesso a estas informações seja melhorada pela proximidade de um mirror (espelho), que é um computador que espelha o conteúdo de um outro. Um bom exemplo é o site http://www.tucows.com, parada obrigatória para quem está atrás de qualquer tipo software. A quantidade de acessos à esse site é tão grande que eles espalharam "espelhos" por todo mundo. Mas o que se ganha com isto? Velocidade ao realizar uma transferência de arquivos, pois você tem a oportunidade de sempre optar por um site mais próximo de você.

Intranet, um mirror em potencial

Uma palavra muito comum hoje em dia é Intranet. Você inclusive já teve a oportunidade de conhecer um pouco mais sobre isso em nossa edição número 2. Resumidamente, podemos entendê-la como a migração da tecnologia Internet para dentro de uma empresa. Neste caso, podemos imaginar que os funcionários desta empresa serão, certamente, usuários freqüentes de FTP. Nesta nova filosofia de trabalho, o conceito de mirror pode ser muito bem aplicado. Imagine que cada computador da empresa precise dos clientes instalados, por exemplo, browsers, e-mail, etc. Seria interessante que ao invés de cada funcionário acessar a Internet para buscá-los, fosse criado um local no servidor da rede local, no qual todos os softwares mais utilizados fossem espelhados. Com certeza a economia de tempo seria significativa.

FTP anônimo versus FTP com autenticação Existem dois tipos de conexão FTP.

A primeira, e mais utilizada, é a conexão anônima, na qual não é preciso possuir um user name ou password (senha) no servidor de FTP, bastando apenas identificar-se como anonymous (anônimo). Neste caso, o que acontece é que, em geral, a árvore de diretório que se enxerga é uma sub-árvore da árvore do sistema. Isto é muito importante, porque garante um nível de segurança adequado, evitando que estranhos tenham acesso a todas as informações da empresa. Quando se estabelece uma conexão de "FTP anônimo", o que acontece em geral é que a conexão é posicionada no diretório raiz da árvore de diretórios. Dentre os mais comuns estão: pub, etc, outgoing e incoming. O segundo tipo de conexão envolve uma autenticação, e portanto, é indispensável que o usuário possua um user name e uma password que sejam reconhecidas pelo sistema, quer dizer, ter uma conta nesse servidor. Neste caso, ao estabelecer uma conexão, o posicionamento é no diretório criado para a conta do usuário – diretório home, e dali ele poderá percorrer toda a árvore do sistema, mas só escrever e ler arquivos nos quais ele possua permissão.

As raízes do FTP

Assim como muitas aplicações largamente utilizadas hoje em dia, o FTP também teve a sua origem no sistema operacional UNIX, que foi o grande percursor e responsável pelo sucesso e desenvolvimento da Internet. Portanto, lá no início de tudo, a maioria dos comandos atualmente consagrados, disponíveis para realizar transferência de arquivos, eram comandos que tinham que ser utilizados em terminais com interface texto. Mas, felizmente, com a evolução dos terminais gráficos, já há um bom tempo não precisamos nos preocupar em decorar todos os comandos, que antes eram indispensáveis, para fazer um FTP. As interfaces gráficas criam uma camada de abstração que colocam a transferência de arquivos na ponta do dedo. Bastam alguns poucos cliques de mouse para verificar que o FTP de hoje é muito mais agradável que o de antigamente. E o melhor é que tudo acontece sem você perceber que nos bastidores o que realmente acontece se equivale a muitos destes cliques. Mas não pense você que aqueles comandos foram esquecidos. Para muitos usuários, principalmente aqueles de universidades espalhadas ao redor do mundo, o principal sistema operacional utilizado continua sendo o UNIX, e, neste caso, os comandos para FTP devem ser explicitamente digitados em linhas de comando. Se você quiser ter uma idéia do que está sendo falado, o Windows 95 trás um "belo" programa de FTP (diretório windows), que ao ser executado abre uma tela totalmente preta com um prompt "ftp>" esperando por um comando, coisas do tipo: open, pwd, ls -l, get, put, binary, ascii, hash e assim vai.

Algumas dicas

1. Muitos sites que aceitam FTP anônimo limitam o número de conexões simultâneas para evitar uma sobrecarga na máquina. Uma outra limitação possível é a faixa de horário de acesso, que muitas vezes é considerada nobre em horário comercial, e portanto, o FTP anônimo é temporariamente desativado.

2. Uma saída para a situação acima é procurar "sites espelhos" que tenham o mesmo conteúdo do site sendo acessado.

3. Antes de realizar a transferência de qualquer arquivo verifique se você está usando o modo correto, isto é, no caso de arquivos-texto, o modo é ASCII, e no caso de arquivos binários (.exe, .com, .zip, .wav, etc.), o modo é binário. Esta prevenção pode evitar perda de tempo.

4. Uma coisa interessante pode ser o uso de um servidor de FTP em seu computador. Isto pode permitir que um amigo seu consiga acessar o seu computador como um servidor remoto de FTP, bastando que ele tenha acesso ao número IP, que lhe é atribuído dinamicamente. Existem na Internet vários programas que permitem que você execute um servidor FTP em sua máquina, podem ser utéis e divertidos – aguarde nas próximas edições!

Para transferir dados deve existir uma conexão de dados entre portas apropriadas e deve ser feita uma escolha de parâmetros de transferência. Os processos Cliente-DTP e Servidor-DTP possuem portas com valores *default* que devem ser suportadas por todas as versões de FTP. Entretanto, o cliente pode alterar o valor de tais portas.

Logo que inicia a transferência de dados, o gerenciamento da conexão de transferência de dados passa a ser responsabilidade do servidor; salvo uma transferência sem erros e em que os dados estão indo do cliente para o servidor. Nesse caso, em vez de enviar um *End of File*, torna-se responsabilidade do cliente fechar a conexão para indicar o fim de arquivo.

Acrescentando às definiçoes existentes do FTP, pode-se definir - também, o modo de transferência dos arquivos, de forma a otimizar e melhorar a transferência dos dados. O modo de transmissão pode ser por fluxo contínuo, modo blocado e modo comprimido.

O FTP não se preocupa com a perda ou a adulteração de *bits* durante a transferência, pois é atribuição do TCP - protocolo do nível de transporte, mas provê mecanismos para um eventual reinício da transferência quando ela for interrompida por problemas externos ao sistema (como uma falha na alimentação elétrica).

Este procedimento de reinício só está disponível nos modos de transferência que permitem inserir controles no meio do fluxo de dados (modo de transferência blocado e comprimido).

3.1. TRANSFERÊNCIA POR FLUXO CONTÍNUO

Os dados são transmitidos como um fluxo contínuo de caracteres. No caso do arquivo ser orientado a registro, são utilizados caracteres de controle para indicar se ocorreu um EOR ou EOF. No caso do arquivo ser não-estruturado, o fim dele é indicado pelo fechamento da conexão de dados. Esse modo não é adequado quando se deseja transferir vários arquivos em uma mesma conexão de dados. Para contornar o problema descrito acima, pode-se alterar as portas usadas pelas conexões no fim de cada transferêcia ou trasnferir um arquivo apenas por sessão.

3.1. TRANSFERÊNCIA POR MODO BLOCADO

O arquivo é transferido como uma série de blocos precedidos por um cabeçalho especial. Este cabeçlho é constituído por um **contador** (2 *bytes*) e um **descritor** (1 *byte*). O contador indica o tamanho do bloco de dados em *bytes* ; e o descritor, se este bloco é o último do registro, do arquivo, se é uma marca de reinício ou se ele contém dados suspeitos (com possíveis erros).

Descritor 8 bits	Contador de Bytes 16 bits

Códigos do descritor:
128 - EOR
64 - EOF
32 - erros suspeitos
16 - marcador de recomeço

Exemplificando o que foi descrito acima, para transmitir seis (6) *bytes* o FTP enviaria um (1) *byte* para o descritor - com valor 16, dois (2) *bytes* para o contador - com valor 6, e seis (6) *bytes* de dados; como segue a figura:

Descritor código = 16	Contador = 6	
DADOS 8 *bits*	DADOS 8 *bits*	DADOS 8 *bits*
DADOS 8 *bits*	DADOS 8 *bits*	DADOS 8 *bits*

3.1. TRANSFERÊNCIA POR MODO COMPRIMIDO

A técnica de compressão utilizada caracteriza-se por transmitir uma seqüência de caracteres iguais repetidos. Nesse modo de transmissão, são enviados três (3) tipos de informação:

    3.3.1. DADOS NORMAIS;
    3.3.2. DADOS COMPRIMIDOS;
    3.3.3. INFORMAÇÕES DE CONTROLE.

4. COMANDOS DO FTP

É através dos comandos do FTP que nós o utilizamos. Os comandos FTP podem ser divididos em quatro (4) grupos:

4.1. COMANDOS DE CONTROLE DE ACESSO:

São usados para fornecer ao FTP informações sobre as características de quem está realizando a conexão, permitindo o controle de acesso aos arquivos dos sistemas envolvidos;

4.2. COMANDOS PARA MANIPULAÇÃO DE DIRETÓRIOS:

Servem para facilitar a manipulação dos diretórios do sistema de destino;

4.3. COMANDOS DE PARÂMETROS DA TRANSFERÊNCIA:

São usados para especificar os valores dos parâmetros válidos para uma transferência de dados. Eles podem ser especificados em qualquer ordem, mas devem preceder os comandos de serviço;

4.4. COMANDOS DE SERVIÇO:

Esses comandos são utilizados para solicitar os serviços de transferência ou função do sistema de arquivos. Eles podem ser esoecificados em qualquer ordem, com exceção do comando RNFR (*Rename From*), que deve ser seguido pelo comando RNTO (*Rename to*), e do comando REST (*Restart*), que por sua vez, deve ser seguido por comandos tais como STOR (*Store*) e RETR (*Retrieve*).

www.ingramcontent.com/pod-product-compliance
Lightning Source LLC
Chambersburg PA
CBHW021817170526
45157CB00007B/2623